Jean-Michel Oughourlian

Le travail qui guérit

L'individu, l'entreprise, la société

PLON
www.plon.fr

12, avenue d'Italie
75013 Paris
Tél. : 01 44 16 09 00
Fax : 01 44 16 09 01
www.plon.fr

Mise en pages : Graphic Hainaut

Dépôt légal : octobre 2018

ISBN : 978-2-259-26497-6

Avant-propos

J'ai entrepris d'écrire ce livre à la suite des visites que j'ai effectuées dans différentes usines apprenantes fondées et dirigées par l'AMIPI, employant des personnes porteuses de handicaps cognitifs. Il s'agit donc d'une étude de terrain rendant compte de l'expérience vécue par un psychiatre à la lumière de la psychologie mimétique.

Cette expérience m'a démontré, une fois de plus, l'efficacité de l'apprentissage qui consiste à jeter tout de suite les individus dans la piscine pour leur apprendre à nager dans l'eau plutôt que devant un tableau noir ou sur un tapis de gymnastique. Cela rejoint la vieille sagesse populaire : c'est en forgeant que l'on devient forgeron.

Je remercie les responsables de l'AMIPI, Mme Maryse Vendre et M. Jean-Marc Richard, qui s'expriment librement à mes côtés dans cet ouvrage.

Jean-Michel OUGHOURLIAN

Préface

L'AMIPI, une mission

par Maryse Vendre
Cofondatrice et présidente
du Comité scientifique de la Fondation AMIPI

À Maurice, le créateur de l'AMIPI, qui m'a fait grandir, nous a insufflé son esprit créatif, sa croyance dans les facultés de l'humain à progresser par les apprentissages, tous les apprentissages…

À Monique, ma jeune sœur, disparue de nos écrans radar en juillet 2017, après onze ans de lutte contre diverses maladies, modèle pour moi de persévérance contre l'adversité.

À Pascale Toscani, directrice de recherche du laboratoire de neurosciences d'Angers, qui nous a aidés à créer un programme permettant à nos opérateurs et opératrices de prendre conscience de leurs capacités et devenir les acteurs de leur propre développement.

À Judith, ma petite-fille, qui était la « chouchoute » de Bernard. Ils se sont mutuellement fait grandir.

« Débile il est, débile il restera, que voulez-vous y faire ? » Que de fois ai-je entendu cette phrase. Et que de fois ai-je eu la preuve qu'elle est profondément débile…

23 décembre 1954. Bernard Vendre naît avec un chromosome 21 superfétatoire. Le coup est rude pour ses parents, Maurice et Michèle Vendre. Le père de Maurice, grand banquier lyonnais, relativise avec son optimisme habituel : « Si on n'en fait pas un polytechnicien, on en fera un épicier en gros. »

Bernard est un enfant presque comme les autres avec toutefois quelques retards : les dents, la marche, une langue trop épaisse qu'il faudra opérer pour faciliter le langage.

À quatre ans, il entre en maternelle malgré la réticence de certains parents, inquiets de cette fréquentation pour leur progéniture. Le directeur passe outre ces remarques. Les enfants se comportent avec lui comme avec n'importe quel autre enfant. Avec ses parents, il joue. Tout est jeu, donc sollicitations. Petit à petit les jeux se diversifient et se complexifient. Il progresse.

Néanmoins, le cap de l'école primaire est infranchissable. On est en 1960. Le directeur de l'établissement est catégorique : « Il ne pourra pas suivre le cours préparatoire. Lire, compter lui sera impossible. Nous ne pouvons plus rien pour lui. » La sentence est accompagnée d'une lettre. Un médecin spécialiste de la trisomie 21, consulté à Paris, confirme : « Votre fils ne sera toujours qu'un idiot, ou au mieux un imbécile, vous n'y pouvez donc rien. » C'était ce qu'enseignait la médecine à la fin des années 1950…

Maurice Vendre, lui, pense qu'une évolution est possible, il en a eu les preuves au cours des six années écoulées : «Si Bernard a des difficultés pour décoder les messages qu'il reçoit, peut-être y a-t-il une dysfonction qui peut être réparée dans son système de décodage ?» Alors directeur d'une agence bancaire, il retrousse ses manches, crée une association, l'ADAPEI de Maine-et-Loire (Association départementale d'aide aux parents d'enfants inadaptés) afin d'ouvrir un établissement pour enfants déficients intellectuels, trisomiques ou non.

Le premier IMP (Institut médico-pédagogique) voit le jour en 1961, à Cholet, avec un programme pédagogique inspiré des méthodes Montessori, faisant appel à l'éducation de tous les sens, y compris le sens kinesthésique toujours oublié. Objectif : l'émulation des enfants pour raffermir la confiance en eux et leur permettre d'évoluer.

En voyant son fils progresser, Maurice Vendre prend pleinement conscience de la plasticité du cerveau et de toutes les possibilités d'évolution pour les personnes atteintes de troubles cognitifs. Les résultats sont, en effet, spectaculaires. Des parents viennent d'autres villes, ils demandent à Maurice de faire quelque chose pour leurs enfants. D'autres IMP voient le jour à Saumur, Baugé, Segré, La Pommeraye-sur-Loire.

Des équipes de recherche pédagogique sont mises en place. J'ai rejoint l'aventure en 1965, à Saumur. Jeune institutrice, les hasards de la vie (et des postes disponibles !) m'avaient amenée à me spécialiser dans la prise en charge des enfants handicapés. J'ai ainsi vu Bernard et ses amis grandir – en autonomie, en capacités intellectuelles : apprendre à prononcer correctement des phrases simples puis de plus en plus compliquées, passer pour beaucoup, après l'éducation des sens, au pré-calcul et à la pré-lecture puis au calcul et à la lecture, avec en complément des travaux manuels et du sport.

Quand Bernard et ses copains ont dépassé l'âge des IMP (14 ans), l'AAMIPI (Association d'aide matérielle et intellectuelle aux personnes inadaptées) a été créée en 1965 par Maurice et sa première épouse pour y installer les IMPro (Institut médico-professionnel, pour les 14-18 ans). Bernard... et les autres avaient besoin de continuer à apprendre et à progresser.

Le premier IMPro a été inauguré en 1965. Tout en continuant à suivre des cours d'enseignement général et à pratiquer des exercices psychomoteurs et sportifs, les adolescents y commençaient un apprentissage professionnel : peinture, maçonnerie, plomberie, confection, entretien des locaux, entretien du linge, savoir téléphoner, remplir une fiche de maladie, se tenir à table, prendre un billet de train...

Des professionnels formaient nos jeunes. Des documents pédagogiques ont été institués avec le souci permanent de la pédagogie active et «bienveillante» – ne pas catastropher les erreurs mais, au contraire, les considérer comme une source de progrès, ce qui demandait un changement d'attitude radical. Ils avaient tous un objectif : l'a-u-t-o-n-o-m-i-e.

Bernard a fait partie des premières promotions formées en IMPro. Je me souviens de lui à cette époque : un jeune homme fier, bien dans ses baskets, qui trouva aussitôt un emploi dans un environnement dit « normal » : une usine de fabrication industrielle d'éléments en plastique pour le bâtiment, l'usine Nicoll, à Cholet. Plusieurs parmi ses camarades ont suivi le même chemin. Ils donnaient satisfaction, heureux d'être sortis dans une usine normale. Bien loin des « idiots » ou des « imbéciles » que les voies classiques programmaient. Ils n'étaient pas des exceptions, au contraire ! Les jeunes qui entraient dans le monde du travail constituaient la majorité de nos apprentis.

Pour les 15 à 20 % trop lourdement handicapés pour suivre ce parcours d'insertion, Maurice Vendre a inventé la suite et créé, en 1969, son premier atelier protégé à Cholet, une usine où les anciens élèves, devenus salariés, continuaient d'évoluer en apprenant les savoir-faire et les savoir-être du monde du travail ordinaire.

Toutes les relations amicales et professionnelles ont été mises à contribution pour amener les premières commandes, les premiers clients. L'usine Nicoll où a travaillé Bernard nous a confié la mise en conditionnement d'une partie de sa production. Des choses simples mais qui demandaient de la dextérité manuelle et l'impératif de conditionnements exacts.

Les travaux ont été en se complexifiant, sollicitant toujours beaucoup la main et répondant systématiquement à nos objectifs : le développement des personnes par les apprentissages pour atteindre leur autonomie financière et sociale. Comme le répétait Maurice Vendre, « l'autonomie véritable dans une société industrielle et capitaliste passe par une autonomie financière. Au-delà des moyens financiers, l'homme ne peut trouver sa place dans la société qu'en y exerçant une activité utile, reconnue par tous. Ce qui exclut l'assistanat ». Maurice refusait que les personnes souffrant d'un handicap soient considérées par la seule facette de leur handicap, cette attitude niant les évolutions possibles.

Il y eut ensuite des clients dans la chaussure, dans la chemiserie, puis, grâce à un responsable des ressources humaines chez Renault, intrigué et fasciné par la démarche de ces ateliers, vint une commande pour le câblage électrique des voitures. La première année, nos ateliers n'avaient que des câblages simples à fabriquer. Quand nos commanditaires ont réalisé que la qualité y était, et les délais respectés, les tâches se sont complexifiées jusqu'à ce qu'ils nous confient l'ensemble de la chaîne, depuis les commandes de matières premières jusqu'au produit final, prêt à être inséré directement dans les voitures sur les chaînes de montage chez PSA Renault, Faurecia, Plastic Omnium…

Dans le langage, y compris scientifique et médical, à l'époque de la création de nos premiers ateliers, c'est-à-dire nos premières usines, nos salariés étaient catalogués « arriérés profonds, débiles profonds ou débiles moyens ». Des irrécupérables que nous récupérions... Nous allions à contre-courant du système clos qui est malheureusement toujours en place ; notre philosophie était l'ouverture, notre seule ambition : les sortir de leur handicap pour les intégrer dans la vie normale.

Que de reproches nous ont été adressés et le sont encore ! Notre pari de faire évoluer le cerveau des personnes déficientes intellectuelles par l'éducation structurée des sens, puis par le travail manuel, n'est toujours pas dans l'air du temps des structures qui les accueillent ni de l'éducation en général.

Je me souviens encore d'un congrès de psychiatres nous accusant de fabriquer de la « chair à patrons ». Ces propos infamants à l'encontre des personnes qui nous sont confiées datent du milieu des années 1970. Depuis, la lutte contre notre philosophie d'ouverture vers le monde « classique » reste vive. À l'AMIPI, nous ne parlons plus de monde « ordinaire » car, malheureusement, dans la loi de février 2005, les EA (Entreprises adaptées) ont été inscrites dans le milieu ordinaire – ce qui signifie qu'elles n'auraient pas pour mission de sortir les travailleurs handicapés de leurs établissements, donc de leur permettre une vie professionnelle et sociale classique.

Je me souviens aussi des administrations d'État qui ne suivaient pas nos demandes de sorties en milieu classique, alors que nos résultats étaient là; d'une directrice de ces administrations à qui j'expliquais récemment qu'on ne peut pas ignorer que le cerveau évolue et que nos jeunes guérissent par le travail. La réponse assurée fut la suivante : «Mais on marche sur la tête… nos commissions sont souveraines.»

Un homme nous a soutenus. Pleinement soutenus… Le professeur Robert Debré, membre de l'Académie des sciences, qui, après une immersion dans nos établissements, avait affirmé devant ses pairs réunis en assemblée en 1974 : «Quand on a l'occasion de voir de près ce qu'ils ont fait, on est convaincu de la justesse de la doctrine et de la valeur des institutions qu'ils ont mises sur pied. Cette doctrine, dont les résultats sont évidents, me paraît devoir être celle de demain.»

L'un de ses élèves, le professeur Stéphane Thieffry, m'a énormément inspirée avec ses travaux sur la main. La question qui me taraudait était celle de la possibilité ou non d'éduquer, de développer le sens kinesthésique qui a plusieurs fonctions, dont celle de spatialiser les autres sens. Lors de notre première rencontre, il m'avait avoué, avec une grande simplicité : «En tant que médecin, je diagnostique l'absence de ce sens, mais je ne me suis pas posé la question de savoir comment le remettre en fonction.» Il a travaillé sur le développement des activités de la main et leur impact sur la transmission d'informations au niveau du système nerveux central. Cette piste me paraissait évidente à exploiter. Ses conseils nous ont amenés à porter une attention particulière aux exercices psychomoteurs.

À l'arrivée, les forces et les faiblesses de chacun sont évaluées afin de le positionner sur un poste lui convenant, ni trop faible pour qu'il ne s'ennuie pas et limite ses progrès, ni trop fort pour ne pas lui faire perdre confiance en ses capacités. Son évolution personnelle est ensuite suivie pas à pas : ses capacités techniques, son aisance dans l'exécution des tâches, son comportement social. Des fiches de suivi individuelles sont établies, incluant les critères qualité.

L'évolution de nos salariés est allée au-delà de nos espérances. Beaucoup, parmi eux, ont pu se voir confier des postes à responsabilité plus importante, puis rejoindre des entreprises classiques. D'autres sont restés… Ils ne sont plus les mêmes ! Je pense à Antoine, enfermé dans son autisme, qui a passé ses deux premières années à l'usine, prostré dans son coin. J'ignore pourquoi nous étions persuadés, Maurice et moi, qu'un déclic interviendrait. Ce déclic a été un nouveau directeur d'usine, au Mans. Il a fait confiance à Antoine, et Antoine a perçu cette confiance. Il a démarré. Il est re-né. Antoine est encore à l'usine. Il a beaucoup progressé et il parle… Il est devenu bavard, disait son père.

Maurice Vendre a perdu son épouse. À partir de 1976, nous avons poursuivi l'aventure ensemble. Bernard, que j'ai considéré comme mon fils, avait pris son envol. Il habitait dans son propre appartement à proximité du nôtre, il prenait ses repas avec nous quand il n'était pas au travail, au théâtre ou au concert avec ses amis.

En 1980, Maurice a cédé la présidence de l'ADAPEI qu'il avait fondée, cédant à l'association les IMP et les IMPro que nous avions créés. Les raisons de son départ ne sont pas un mystère : des membres de l'association n'étaient pas d'accord avec notre philosophie, notre volonté de pousser leurs enfants vers la sortie, vers le monde extérieur, vers la vie. Ils avaient peur et prônaient un protectionnisme pourtant aussi nocif que l'exclusion. Cette exclusion entraîne des individus à vivre à l'écart... ce qu'ils n'ont pas demandé ! Quand ils sortent de chez nous pour aller dans un milieu classique, ils clament : « Je n'ai plus d'étiquette ! »

Bernard est décédé en 1992 après avoir été renversé par une voiture. Il avait trente-huit ans. Il avait passé dix-neuf ans à apprendre, et dix-neuf autres années à travailler. Une image me reste, lui, assis sur les marches extérieures du pavillon de campagne de ses grands-parents paternels. Il avait dix ans et disait : « Moi, Bernard Vendre, j'suis heureux ! » Il l'était.

En 2005, l'AAMIPI est devenue une fondation reconnue d'utilité publique : la Fondation

AMIPI-Bernard Vendre, qui a conservé les mêmes objectifs que l'association dont elle est issue : le développement des personnes pour acquérir des savoir-faire, des savoir-être, c'est-à-dire une autonomie sociale et financière.

Jusqu'à son décès, en janvier 2014, Maurice s'est consacré aux ateliers protégés, devenus des entreprises adaptées (loi de 2005). De vraies usines, des UPAI (Usine de production, d'apprentissage et d'insertion) qui répondent aux critères et standards particulièrement sévères de l'industrie automobile. Nos opérateurs sont tous conscients de leur responsabilité par rapport à ces exigences. Et c'est, en soi, un facteur essentiel de leurs progrès.

Avant de nous quitter, Maurice m'a laissé une consigne : « Soyez curieux, on ne l'est jamais assez. » Son œuvre se poursuit en s'enrichissant des acquis de la science : la plasticité du cerveau, reconnue maintenant par tous, qui est capable de recréer des circuits neuronaux, du rôle du mimétisme, de l'interdividualité, des modèles tels qu'ils sont aujourd'hui prônés par un géant de la neuropsychiatrie, le professeur Jean-Michel Oughourlian.

« Le plus difficile, ce n'est pas de sortir de Polytechnique, mais de sortir de l'ordinaire », disait le général de Gaulle. La Fondation AMIPI-Bernard Vendre a été conçue pour contribuer à cette sortie. Elle se veut un lieu de passage vers l'insertion. Un sas pour le progrès de la vie humaine. De fait, en cinquante ans, plus de 1 500 personnes handicapées cognitives ont trouvé un emploi durable par le biais de la Fondation, générant une non-dépense publique estimée à plusieurs centaines de millions d'euros.

Notre activité industrielle, exclusivement dévolue aux métiers du câblage électrique dans l'industrie automobile, est aujourd'hui répartie entre six entreprises adaptées qui emploient 830 salariés dont 700, dans leur écrasante majorité, en situation de handicap cognitif. Elles délivrent chaque année 6,5 millions de faisceaux électriques, destinés à l'industrie automobile.

La France compte 600 000 personnes en situation de handicap, mais capables de travailler si on les y aide. C'est notre enjeu prioritaire. C'est l'enjeu de ce livre.

Maurice Vendre nous a fait sortir de l'ordinaire.

1

Le mimétisme, clé universelle

En 1969, j'ai cru avoir tout appris. J'avais obtenu mon diplôme de médecine après des études à la faculté de Strasbourg, je venais de recevoir mon diplôme de neuropsychiatre de la faculté de Paris et je manipulais les molécules de psychotropes qui avaient été récemment découvertes et suffisaient à dissiper, du moins voulait-on le croire, les angoisses et les autres tourments des malades.

J'ai entamé ma carrière de psychiatre à l'hôpital Sainte-Anne, à Paris, et j'ai très vite compris qu'il me restait beaucoup à apprendre. En parallèle, je me suis lancé dans des études de psychologie, j'ai participé aux séminaires des grands noms qu'étaient Jacques Lacan ou Henri Ey. Puis les hasards de la vie m'ont conduit vers René Girard qui venait de publier *La Violence et le Sacré*[1].

Girard, que je considère comme mon maître, enseignait aux États-Unis et n'était pas encore

1. René Girard, *La Violence et le Sacré*, Grasset, 1972.

célèbre. Sa théorie, qui expliquait le fonctionnement des sociétés humaines par le désir mimétique, m'avait profondément interpellé : il postulait que tout désir humain est mimétique, suggéré par le désir de l'autre. Ici se situait, pour lui, le ressort de la violence, engendrée par la convoitise d'un même objet. Nous aurons par la suite de multiples occasions d'en discuter ensemble, mais j'avais d'ores et déjà été interpellé par une hypothèse que la pratique transformera, pour moi, en évidence : cette théorie, que je proposerai plus tard de nommer la mimesis universelle, et qu'il appliquait à l'anthropologie, éclairait bien d'autres champs aussi, à commencer par celui de la psychologie.

Au IVe siècle avant notre ère, Aristote constatait que « l'homme est le plus mimeur des animaux », voyant (déjà !), dans le mimétisme, la clé de l'apprentissage. De fait, copieurs, nous le sommes heureusement tous, et tout le temps. Nous imitons dès l'instant de notre naissance et nous continuons de le faire tout au long de notre vie. Nous imitons pour apprendre à parler, à écrire, à manipuler une cuillère et plus tard un outil, à nous comporter socialement, à nous habiller de telle manière, à dire bonjour et merci – et plutôt dans la même langue que notre vis-à-vis. En somme, pour devenir pleinement humains : c'est parce que j'imite l'autre que je me constitue en tant que moi.

L'individu isolé n'existe pas. Même s'il vit dans la solitude, chacun de nous se construit dans sa relation avec l'autre, avec les autres, dans le mouvement incessant de l'imitation, dans ce que j'ai nommé, avec René Girard, l'interdividualité plutôt que l'interindividualité. Car le moi-en-soi, l'individu comme monôme, est une illusion. On connaît les histoires d'« enfants sauvages », élevés par des animaux et donc privés de mimétismes humains : ils ne retrouvent jamais la voie dite de la « normalité », incluant la parole, la communication sociale, des apprentissages qui nous semblent spontanés comme nous servir d'un couteau et d'une fourchette.

Je ne suis pas moi sans l'autre. Je ne suis pas, ce soir, exactement le même que celui que j'étais au matin. L'émission de télévision que j'ai regardée, le journal que j'ai lu, les discussions que j'ai eues avec mes collègues, avec mes amis, m'ont forcément influencé, même les affiches que mon regard a croisées ont modifié ma perception de telle personne, de telle situation, de tel dossier. Mon moi a été remodelé par les mécanismes du mimétisme, et il le sera en permanence, tout au long de notre existence, sous l'influence des modèles que nous adoptons.

C'est un ressort que la publicité, le commerce et même l'industrie appliquent de manière intuitive, sans jamais l'avoir formalisé : le succès de Nespresso s'explique d'abord par notre envie d'imiter George Clooney, et la déferlante de l'alimentation biologique ou végétarienne n'aurait jamais atteint cette ampleur si des « modèles » admirés par le grand public n'en avaient fait l'apologie. Du coup, nous avons envie de faire comme eux. De les imiter. Et nous achetons les mêmes produits qu'eux.

Le mimétisme a d'abord été un postulat autour duquel mon expérience de l'humain, y compris dans son versant psychopathologique, m'a amené à construire une nouvelle métapsychologie, une nouvelle psychiatrie : la psychologie mimétique. Celle-ci m'a permis non seulement de mieux comprendre les mystères du fonctionnement humain, mais surtout d'apprendre à désamorcer les crises, les conflits, le mal-être qui dégénère en névroses et parfois en psychoses, qui handicape un individu, un groupe ou une société dans son ensemble, entraîne des dysfonctionnements souvent graves, parfois paralysants.

Les avancées de la neurologie, et surtout ceux de l'imagerie médicale, ont confirmé l'hypothèse du mimétisme avec la découverte des étonnants neurones miroirs. Ces derniers en ont été la matérialisation – l'équivalent de ce qu'aurait été, pour Freud, la détection par scanner du moi, du surmoi et de l'inconscient qui fondent sa théorie. Ces neurones constituent ce que j'appelle notre troisième cerveau, à côté du premier cerveau, celui de la cognition, localisé dans le cortex, et du deuxième cerveau, celui des humeurs et de l'émotion, appelé aussi système limbique. Ils fonctionnent tous les trois dans une interaction permanente. L'appréhender, l'analyser, permet de résoudre bien des situations, au niveau d'un individu, d'un groupe ou, plus largement, d'une société entière.

La découverte de ces neurones miroirs a été le fruit du hasard : la pizza de la pause-déjeuner du professeur Giacomo Rizzolatti et de son équipe de chercheurs en neurosciences, dans leur laboratoire, à Parme, en 1995, en présence du singe dont ils étudiaient le cerveau. Ce dernier les observait, le crâne recouvert de capteurs liés à un PET scan, un procédé d'imagerie médicale qui mesure l'activité cérébrale en fonction du taux de glucose absorbé par une zone (ou, plus souvent, des zones) à un instant donné pour pouvoir fonctionner. Grâce à cet appareil, on peut donc savoir quelles zones exactes du cerveau s'activent pour effectuer une activité précise : lever le bras, réfléchir, se souvenir, avoir faim, éprouver du plaisir ou du chagrin, apprendre… Or, dès qu'un convive dirigeait sa main vers la pizza, avant même de la toucher, une zone du cerveau du singe, pourtant connue pour être spécifiquement liée à l'action réelle de manger, s'activait sans qu'il mange : il anticipait, de toute évidence, la suite du geste… et avait envie, lui aussi, de goûter au repas.

Des expériences ultérieures sur des humains, avec des PET scan de plus en plus élaborés, ont confirmé cette révélation : toutes les zones du cerveau, y compris celles qui gèrent la parole ou la mémoire, recèlent des neurones qui s'activent du fait de la seule intentionnalité de l'autre qui agit en face de nous, exactement comme d'autres neurones, dans ces mêmes zones, réagissent pour déclencher l'exécution d'une action. Si, à table, je vous vois approcher la main d'un verre d'eau, je vais boire, moi aussi ! Vous avez réveillé mes neurones miroirs et, avec eux, mon désir de vous imiter…

Ces expériences ont par ailleurs montré que l'activation des neurones miroirs dépend d'un facteur essentiel : la compréhension de l'action qui se déroule devant nous. Ils seront stimulés si vous tendez la main en direction de ce verre d'eau et que je sais que vous allez l'attraper puis le porter à votre bouche et vous désaltérer : j'ai alors envie, moi aussi, d'un verre d'eau. Ils ne le seront pas si je n'identifie pas l'intention de votre geste – si vous tendez la main et qu'il n'y a rien sur la table. Ils seront d'autant plus stimulés que j'ai envie de vous imiter : le cerveau d'un joueur de tennis qui assiste au tournoi de Roland-Garros sera le théâtre d'une explosion de couleurs sur les écrans d'un PET scan. Par contre, il ne se passera pas grand-chose dans le cerveau d'une personne qui ne connaît pas les règles du jeu et qui n'aspire pas à imiter le champion qui joue. Ses gestes ne la concernent pas.

Les neurones miroirs, donc le mimétisme, saisissent les moindres nuances qui permettent de déceler le désir. Désir de se faire plaisir, d'apprendre, de réussir, d'avancer. On sait bien que, en psychologie, le désir, c'est le mouvement : s'il n'y a pas désir, il n'y a pas mouvement ; et s'il n'y a pas mouvement, il n'y a pas désir. Le désir est aussi un moyen de cohésion sociale : je désire vous ressembler, être comme vous, être avec vous. J'en donne un exemple évident : chaque matin, si je porte, comme vous, un pantalon et une chemise plutôt qu'un déguisement de Père Noël, c'est pour faire comme vous et être intégré à votre groupe. J'apprends, de la même manière, à parler la même langue, à adopter les mêmes gestes, à me conformer aux autres. Je désire montrer ma cohésion, donc j'imite.

Les neurones miroirs, je l'ai dit plus haut, tiennent un rôle fondamental dans tout apprentissage. Car tout apprentissage est fruit de l'imitation, de l'interdividualité, d'un va-et-vient perpétuel entre les cerveaux qui se branchent les uns sur les autres et fonctionnent en mode wifi ou Bluetooth, entraînés par les désirs des autres. Cette affirmation est valable aussi bien pour le bébé qui apprend à parler en répétant les mots que l'on prononce devant lui, que pour l'enfant qui commence à écrire en imitant les lettres tracées en face de lui, ou encore pour l'étudiant en médecine qui se forme réellement à l'hôpital, en suivant et en observant les gestes accomplis, sur les malades, par le patron, et évidemment pour l'apprenti qui observe son maître et tient l'outil à son tour.

Le modèle « de base » est le parent pour son jeune enfant. Leur relation est faite d'imitation-suggestion continue : le père ou la mère suggèrent le geste à imiter, et l'enfant imite pour apprendre à parler, à marcher, à se sociabiliser. Le modèle, c'est aussi mon ami, mon compagnon ou ma compagne – nous finissons, sous l'effet de la suggestion et de l'imitation, par développer les mêmes goûts, les mêmes attitudes. C'est également le maître que j'imite pour apprendre un sport ou un métier.

Face à mon modèle, mes trois cerveaux sont en interactivité : le premier retient certes les informations, mais il a besoin du second pour apporter l'émotion indispensable (j'apprends d'autant mieux que je suis heureux d'apprendre). Dans mon troisième cerveau, les neurones miroirs sont stimulés : je suis prêt à imiter mon modèle, et lui-même est satisfait de me voir l'imiter et apprendre. On sait bien que rien ne vaut le dialogue et la relation à l'autre pour apprendre une nouvelle langue ou un nouveau métier, s'intégrer dans un nouveau milieu, par exemple une nouvelle entreprise. Nous sommes, tout au long de notre vie, des apprentis qui avons besoin d'un maître, un modèle que nous imitons et dont nous imitons les désirs.

Une question m'est ici souvent posée : quelle place la mimesis universelle laisse-t-elle à l'innovation et, plus encore, à la liberté ?

D'une part, nous avons heureusement toujours la liberté de choisir notre modèle – ce n'est pas parce que je connais des voyous, des voleurs ou des paresseux que je vais automatiquement les imiter et devenir, à mon tour, voyou, voleur ou paresseux.

D'autre part, ne tombons pas dans l'erreur qu'avait commise Platon – c'était l'un de ses principaux points de discorde avec son disciple Aristote : l'imitation n'est pas le moutonnement, elle n'est pas la reproduction du même. Elle n'est pas photocopie, ni copie conforme, elle est inspiration. Le vrai mimétisme ajoute et retranche en permanence de l'information par rapport à ce qu'il reçoit du modèle. Quand Léonard de Vinci peint la *Joconde*, il perd évidemment des informations : son rire, son odeur, sa démarche, etc. Mais il ajoute quantité d'informations, comme le sourire de Mona Lisa qui lui fera traverser les siècles. Quand un enfant apprend à former des lettres à l'école, celles qu'il finira par tracer ressembleront au modèle, mais elles ne seront pas le modèle : il aura sa propre écriture.

Le moutonnement est la pathologie du mimétisme. Il est le suivisme des moutons de Panurge qui se dirigent tous vers la falaise et finiront par tomber à la mer, chacun imitant aveuglément celui qui le précède. Nous sommes dans le troupeau, certes, mais nous avons de précieux interstices de liberté. Nous devons prendre le courage de nous dresser sur nos pattes arrière pour regarder où nous allons. Et sortir, s'il le faut, de ce troupeau mortifère. Autrement dit, même si nous n'avançons que grâce aux mécanismes de l'imitation, nous conservons toujours le choix du modèle à imiter. Du modèle que nous désirons imiter, que nous choisissons de suivre.

Cependant, le désir qui, on l'a vu, est le moteur de l'imitation et la base de l'apprentissage, n'est pas une donnée statique, figée. Sous l'influence des informations apportées par les cerveaux cognitif et émotionnel, sous l'influence, aussi, des interactions permanentes avec le cerveau de l'autre, le mouvement mimétique de notre troisième cerveau oscille entre deux attitudes d'apparence contradictoires : l'empathie quand je considère l'autre comme un modèle, ou le rejet quand il devient, à mes yeux, un rival, voire un obstacle à l'accomplissement de mon désir.

On aboutit ainsi à ce que j'appelle «la maladie du désir» : toute démarche commune est bloquée. Les neurones miroirs n'entrent plus dans le jeu du mimétisme : je rejette l'autre. Je n'écoute pas les conseils de ce collègue qui brigue le même poste que moi, je me hérisse quand je vois un homme regarder mon épouse avec insistance, je ne retiens rien de la réunion à laquelle j'assiste parce que je jalouse son maître d'œuvre.

Si nous n'y prenons garde, le modèle peut facilement se transformer en rival ou, du moins, être perçu comme tel. Le cas le plus banal est celui de l'envie mimétique – d'une promotion, d'une reconnaissance, d'un objet, d'une personne dont chacun revendique la propriété exclusive et se sent dépossédé par l'autre. Vous m'avez appris à utiliser tel programme informatique? Désormais, j'estime être meilleur que vous et c'est à moi que devrait revenir la promotion. La moindre poussière, réelle ou imaginaire, peut bloquer l'engrenage harmonieux de nos trois cerveaux. La jalousie s'installe, et avec elle l'acrimonie. L'atmosphère se tend – dans un couple, dans un groupe... Les rapports interdividuels s'engagent dans une escalade de rivalité mimétique confortée par le premier cerveau (qui lui fournit des justifications intellectuelles) et par le deuxième cerveau (qui l'habille d'émotions). L'empathie se transforme en discordes, le mimétisme positif, source d'apprentissages, s'enraye.

L'escalade de cette dynamique m'amène parfois à percevoir l'autre non seulement comme un rival, mais comme un obstacle, et cet obstacle peut devenir obsession, nourrissant une agressivité dont on oublie parfois l'origine, mais qui se perpétue quand même au risque de nous pourrir la vie – et de pourrir celle de tout notre entourage. Mon expérience clinique me permet d'affirmer qu'elle est aussi à l'origine d'un grand nombre de pathologies psychiques, mais aussi sociales.

Les statuts de modèle et de rival ne sont heureusement pas figés : selon les circonstances, notre curseur se balance d'un pôle à l'autre, vis-à-vis d'une même personne. C'est une attitude universelle que j'illustre volontiers en donnant l'exemple des cours de récréation où l'on voit Pierre « détester » Paul quand il a voulu lui prendre son ballon, et redevenir admiratif en voyant le même Paul escalader un mur et essayer de l'imiter pour apprendre à son tour l'art de l'escalade.

Nous savons aujourd'hui, grâce aux nombreuses recherches consacrées aux neurones miroirs, menées dans les plus prestigieux laboratoires internationaux, que les mécanismes mimétiques initient les actions des deux autres cerveaux – et non l'inverse. Notre système de fonctionnement est donc prérationnel, les justifications logiques, éthiques, morales, venant dans un deuxième temps pour conforter ces mécanismes (ou les bloquer). C'est donc notre cerveau mimétique, le troisième cerveau, qui nous introduit directement dans l'hominisation, à travers la relation aux autres.

Comprendre les mécanismes de ce mouvement est le seul moyen de réussir à le dompter, ou du moins à mieux le maîtriser pour éviter des situations de rivalités inutiles qui se déclenchent en permanence dans notre quotidien. Cela revient à construire une nouvelle métapsychologie, à introduire une nouvelle dynamique qui m'a permis, dans ma pratique clinique, de guérir bien des pathologies. Et qui permet aussi d'envisager une nouvelle anthropologie qui, sans nous transporter dans un monde irénique, permet d'imaginer un modèle social viable pour l'être humain.

2

De l'hôpital psychiatrique à une usine apprenante

Plus de cinquante ans d'activité en hôpital psychiatrique m'ont amené à établir une définition fondamentale de la personne handicapée : c'est quelqu'un qui ne peut pas être seul. Ni pour se déplacer, ni pour manger, ni pour travailler, ni pour vivre.

Une sciatique ou une grippe qui nous clouent au lit nous handicapent. La guérison ne consiste pas seulement à ne plus avoir de symptômes. Elle est effective quand nous sortons de l'isolement pour réintégrer l'espace social et professionnel. C'est alors que nous nous disons spontanément : «Je suis enfin guéri.»

L'individu atteint d'un handicap mental, lui, est souvent puni d'une double peine : d'une part il ne peut pas être seul, donc autonome, mais il a, de surcroît, des difficultés à intégrer l'espace social destiné à établir un rapport positif avec l'autre, ce rapport qui est forcément mimétique et constitutif de l'être humain. Il est dans l'isolement, incapable, de ce fait, de se construire ; il est donc encore plus profondément plongé dans son handicap. Comme le disaient Carl Gustav Jung et Viktor Frankl, pour vivre, l'homme a besoin de donner un sens à sa vie. Or, emprisonné dans son isolement, cet individu perd le sens de la vie. Il perd la vie.

J'ai touché du doigt le drame de l'isolement dans tous les hôpitaux psychiatriques où j'ai été amené à exercer. J'ai vu des malades, certes très bien pris en charge pour ce qui est des traitements chimiques, mais terriblement seuls, à cause de ces traitements qui les emmurent en eux-mêmes, y compris dans les salles communes où ils se côtoient mais où ils ne se parlent pas, ou très peu. Je les ai vus s'isoler dans leur être, enfermés et, surtout, abandonnés à eux-mêmes faute d'un projet apte à les mobiliser, à les « réveiller ». Ils sont d'emblée considérés incapables, du fait de leur différence, de s'insérer dans un projet qui a du sens – le projet social qui a le plus de sens est certainement le travail. Et, effectivement, plus ils sont coupés de l'interdividualité, moins ils sont capables d'exercer une activité, *a fortiori* de travailler.

Nous avons, malgré nous, intégré quantité de poncifs que nous n'essayons même plus de remettre en question. L'un d'eux, qui prévaut dans nos sociétés occidentales, part du principe qu'il faut d'abord apprendre, d'abord se former, avant de pouvoir travailler. Être donc à même d'appréhender intellectuellement la théorie avant de la mettre en pratique. Idée absurde, reposant sur la conviction tout aussi absurde que le « vrai savoir » s'acquiert dans les livres !

J'ai étudié pendant des années dans les livres – c'est la condition pour réussir les examens et devenir médecin. Pourtant, ce n'est pas dans la solitude de ma chambre mais auprès de mes maîtres que j'ai vraiment appris le savoir-faire de mon métier. Je me souviens de ce patient que j'avais examiné à l'époque où j'étais interne, confiant dans mon seul savoir intellectuel. J'avais testé en vain son réflexe rotulien : malgré les petits coups que je donnais sur sa rotule, suivant scrupuleusement le « mode d'emploi » appris dans mes livres, sa jambe restait immobile. Affolé, craignant un problème neurologique, j'avais appelé mon maître. Imperturbable, ce dernier avait commencé par demander au patient de serrer fort ses mains l'une contre l'autre. Très fort. De plus en plus fort. Concentré sur ses mains, le patient a immédiatement réagi au test rotulien. Aucun livre ne m'avait appris à détourner l'attention du patient afin que le réflexe puisse se déployer hors de son contrôle.

J'ai connu le même handicap quand je me suis mis à l'informatique. J'ai dévoré les manuels, en vain. Si je manipule aujourd'hui ma tablette et mon smartphone, c'est parce qu'une personne a bien voulu s'asseoir à mes côtés et m'apprendre les gestes en les effectuant elle-même. Il ne me restait plus ensuite qu'à l'imiter.

Je suis resté, depuis mes études, un adepte de la démarche initiatique. Celle qui se fonde sur la transmission entre le maître et l'élève, entre le modèle et le disciple. Celle qui implique l'interdividualité et, à travers elle, le désir et l'imitation – on ne peut pas s'initier soi-même. Celle qui n'exclut pas mais, au contraire, intègre. Celle dont le modèle reste, à mes yeux, les bâtisseurs de cathédrales qui apprenaient d'abord à polir la pierre sous la conduite du maître puis, s'ils en avaient l'envie et la compétence, devenaient à leur tour sculpteurs, puis maîtres et initiateurs. On apprend en travaillant, et on travaille en apprenant…

Le Mans, janvier 2018. Je passe ma première journée à l'usine apprenante de l'AMIPI. Je suis venu chercher, sur le terrain, l'extension des limites de ma théorie de l'insertion par l'imitation. Cette usine est une UPAI – une usine de production, d'apprentissage et d'insertion. Comme toute usine, elle est soumise à des impératifs de production, de rendements, de délais, de qualité, de coût, de réactivité. Des tableaux affichent, pour chaque secteur, le nombre de pièces produites ou à produire, dans la journée, dans la semaine, dans le mois. Les pièces, ici, sont sophistiquées : il s'agit de faisceaux électriques destinés à l'industrie automobile, équipant des voitures haut de gamme.

Antoine est assis à sa table de montage, concentré sur un enchevêtrement de câbles qu'il lui revient d'ordonner en encliquetant des fils dans un boîtier. Il sursaute quand je l'interpelle : il ne m'avait pas vu arriver. Il prend une grande respiration avant de relever la tête et de me sourire. Je me doute de l'effort que cela représente pour lui. Son poste de travail est essentiel à la chaîne – pour preuve, s'il est absent, il doit impérativement être remplacé.

De prime abord, il semble timide puis il se détend. Il raconte ses journées, le réveil à 6 heures, les deux kilomètres à vélo en pleine campagne, par tous les temps, pour rattraper le bus qui le conduit ensuite pas loin de l'usine et dont il a retenu les horaires, sa sœur chez qui il vit depuis la mort de ses parents, ses neveux, « des ados pas toujours commodes ». Le travail qui lui plaît – « je m'ennuie à la maison ». Les journaux télévisés qu'il suit assidûment. Le comprimé de Xanax à forte dose qu'il prend chaque matin – « ça me détend ». Antoine ne sait ni lire ni écrire et ses dessins sont ceux d'un enfant de 2 ans. Mais ici, on ne lui demande ni de lire, ni d'écrire, ni de dessiner. Juste d'œuvrer de ses mains. Et il en est tout à fait capable.

Antoine sait, à peu près, le chemin qu'il a parcouru avant de se retrouver derrière sa table de montage. Maryse Vendre se souvient très bien, elle, de l'adolescent qu'elle a rencontré pour la première fois en 1976. Diagnostiqué autiste, prostré, il ne parlait pas, ne bougeait pas sauf dans ses moments de crises. Pourtant, elle l'a mis au travail. Pendant des mois, des « modèles », c'étaient ici d'autres opérateurs, lui ont expliqué un geste simple mais utile à l'usine. Le chef d'équipe lui en a démontré l'utilité. Pendant des mois, il n'a pas réagi. Puis un jour, il a imité. Il a travaillé. Il a mis du temps à continuer à remonter la pente. Des années.

Antoine a été le pari de Maryse Vendre – l'un parmi tant d'autres qui travaillent ou ont travaillé ici. Les gestes se sont complexifiés au rythme de son évolution. Seul avec sa maladie, il aurait été un boulet pour lui-même et pour sa famille. Ou un être végétant dans un quelconque hospice. À l'usine, Antoine est devenu un opérateur presque comme les autres. Un petit peu plus angoissé, plus rétif aux changements, un peu moins polyvalent, mais tout aussi nécessaire à l'équation productive.

Ce savoir indispensable, celui des gestes utiles à l'économie, à l'entreprise, à la société, a certainement été un élément thérapeutique majeur. Antoine est entré dans le cercle vertueux de l'interdividualité quand il en a compris l'utilité. Il a imité quand il a réalisé que du geste qu'on lui apprenait dépendait une usine entière. Il est aujourd'hui un gros bosseur, mais il a un petit souci : son âge. Antoine a soixante ans. L'âge où l'on envisage le départ à la retraite. Et il a terriblement peur de s'« emmerder » dans sa vie d'après…

J'ai cité Antoine, j'aurais aussi bien pu raconter Pierre, Ernest ou n'importe lequel des 150 opérateurs qui font tourner l'usine du Mans, ou les

700 autres opérateurs des usines apprenantes de l'AMIPI où je me suis par la suite rendu. Ils ont une particularité : ils souffrent tous d'un handicap mental. Mais, pour leurs six encadrants, ils ne sont pas des «handicapés» : juste des opérateurs tenus à des contraintes industrielles. D'ailleurs, pas un seul de ces encadrants n'occupe une fonction d'éducateur (une fonction qui n'existe pas ici, délibérément) : ils sont ingénieurs, gestionnaires, DRH et, derrière les postes de travail, ils ne voient que des employés, plus ou moins rapides, plus ou moins polyvalents, plus ou moins joyeux ou angoissés ou stressés. Comme dans n'importe quelle entreprise.

À l'usine, Antoine et les autres n'ont pas seulement appris à travailler. Ils ont appris, et c'est une leçon fondamentale, l'altérité. L'échange avec l'autre dans une démarche d'interdividualité. D'abord avec leur maître qui les a initiés, les sortant de l'isolement, donc du handicap, par le geste qu'ils devaient imiter pour pouvoir le reproduire puis se l'approprier. Ensuite avec leurs chefs auxquels ils doivent rendre des comptes. Enfin avec leurs collègues : un travailleur, même autonome, est inclus dans une chaîne, ici de 18 opérateurs, une autre personne attendant de recevoir la matière bien préparée pour continuer le travail à son tour. Chacun se sait important puisque son travail conditionne, en amont et en aval, celui des autres. Qu'y a-t-il de plus valorisant que de se savoir essentiel?

Ils ont également appris à découvrir un sens, d'abord dans le monde du travail puis, par extension, dans leurs autres activités. Cet apprentissage-là est en grande partie le fruit de la chaîne. Car celle-ci est dotée d'un double sens : elle est, à la fois, direction et signification. Direction, parce qu'elle ne peut pas fonctionner de manière aléatoire, elle est dotée d'un ordre à respecter. Signification, parce que cette chaîne-là n'est pas vaine : elle a un but, un objectif, un sens. Là se situe d'ailleurs l'énorme différence entre l'usine et l'ergothérapie. Dans la première, la production est utile et l'opérateur se sait indispensable, tenter de surmonter son handicap est, pour lui, un effort doté d'un sens. Dessiner ou jouer à la pâte à modeler est certes nécessaire à un moment de la thérapie, mais ce moment se doit d'être ponctuel, sous peine de tourner littéralement en rond. C'est un marchepied parfois indispensable vers l'utilité. Mais cela ne suffit pas à donner sens à l'ouvrage, donc à l'individu.

Ce sens-là, je l'avais déjà vu à l'œuvre chez Pascal Duquenne, le formidable héros du *Huitième Jour*, le film qui avait reçu une avalanche de prix à sa sortie, en 1996 – dont le prix du meilleur acteur au Festival de Cannes. Pascal est un grand acteur. Et accessoirement, il est atteint de trisomie 21. Il a démarré sa carrière avec ce film où, au-delà de son handicap, il avait un rôle à part entière. Il est « sorti » de son statut de handicapé grâce à un autre grand acteur, Daniel Auteuil, qui lui a servi de modèle, lui a renvoyé la balle en donnant un sens à cette balle : la sortie du film. Pascal Duquenne s'est alors surpassé. Depuis, il a mené une belle carrière.

En réalité, le handicap n'est qu'une partie d'un problème beaucoup plus général qui concerne l'ensemble de notre société du XXIe siècle. Une société où l'on présente le non-travail comme un Graal et le revenu universel comme un fait acquis dans les prochaines années – quand les robots remplaceront les humains pour produire. Une société où l'entreprise n'est vue que comme lieu de fabrication d'objets, uniquement génératrice de profits.

Cette perspective me terrifie. Je rejoins Cédric Villani, chargé par le président de la République française d'une mission sur l'intelligence artificielle, quand il dit qu'on a besoin de travail pour se réaliser, se sentir utile, le chômage ne causant pas de ravages sur la santé uniquement pour des questions de revenu, mais aussi à cause de la perte de l'estime de soi.

Une telle société passe outre une donnée essentielle : l'entreprise est d'abord un lieu où se fabriquent des hommes et des femmes, où se forge la personnalité, l'individualité, où s'édifie l'être humain. Celui-ci, et je pèse mes mots, ne peut pas se construire en dehors d'une activité, qui plus est d'une activité collective, théâtre de l'interdividualité. Sa dimension n'est pas seulement financière : elle est aussi sociologique. Elle est à l'adulte ce qu'est l'école aux enfants : lieu d'apprentissage intellectuel évidemment, mais aussi social, sociétal. Un enfant a besoin des autres enfants pour se construire, s'autonomiser. Un adulte a besoin des autres adultes pour poursuivre cette œuvre qui se prolonge la vie durant.

On sait déjà que, dans les quinze prochaines années, 50 % des emplois actuels n'existeront plus : les chauffeurs, les cols-bleus, beaucoup de cols-blancs, les serveurs, les chirurgiens, les radiologues, les *back et middle offices* des banques, peut-être aussi les serveurs et les journalistes, entre autres, seront remplacés par des robots. D'ores et déjà, on voit les robots régner dans les hangars géants d'Amazon, plusieurs dizaines de milliers de mètres carrés où les seuls humains sont en bout de chaîne, pour déposer les colis dans les camions de livraison – tâche qui sera bientôt elle aussi assurée par des robots. D'autres emplois seront créés, je n'en doute pas. Mais, si nous n'y prenons pas garde, ils seront probablement réservés aux créatifs, aux personnes à très haut potentiel, en somme à une élite qui sera cernée par des armées de chômeurs.

J'entends dire que le temps de travail en moins sera autant de temps gagné pour les loisirs. C'est, là aussi, un discours élitiste qui me scandalise. Qui fait fi de l'écrasante majorité de la population. En guise de loisirs, celle-ci aura la télévision. L'isolement qui conduit à l'enfermement dans ses névroses, dans ses psychoses. Qui détruit et empêche de vivre dignement. Par ailleurs, économiquement parlant, à l'heure où les États s'appauvrissent, quel revenu universel pourra se prévaloir d'être l'équivalent d'un salaire permettant de subvenir à ses besoins – et à ses loisirs ? J'ai rencontré, dans les usines de l'AMIPI, des opérateurs qui me racontaient avec ravissement l'indépendance acquise grâce à la fiche de paie, l'appartement qu'ils peuvent enfin louer, les cadeaux offerts à leurs proches (plaisir d'offrir qui surpasse celui de recevoir !), le dernier restaurant avec leur conjoint. La liberté de l'autosuffisance matérielle.

Mais, au-delà du salaire, et même à revenu à peu près égal avec les allocations adulte handicapé, ils m'ont raconté leur bonheur au travail, eux qui avaient longtemps été écartés d'une vie normale à cause de leur handicap. Ils se sentaient enfin être utiles. Être tout court…

Car le travail, on le verra dans les pages qui suivent, n'est pas une activité qui permet seulement de gagner sa vie sur le plan matériel. Il est, bien plus que cela, la meilleure opportunité pour se construire soi-même en développant des capacités multidimensionnelles, cognitives et affectives, et puis surtout des capacités relationnelles, c'est-à-dire mimétiques.

N'oublions jamais que c'est dans la relation que se construit le moi et se fait l'hominité. Nous sommes pétris d'altérité, et cela depuis Adam, créé par Dieu, selon la Bible, à partir d'argile certes, mais surtout à l'image de Son désir, qui est le désir de créer. Dieu a placé en l'homme une capacité exceptionnelle de création et de recréation. Il en a fait le seul animal en charge de se créer lui-même jusqu'à sa mort, dans un processus de transformation par relation à l'autre, et donc par initiation, l'initiation étant une agonie, une mort et une résurrection rituelles, c'est-à-dire une transformation quotidienne, laissant mourir hier pour faire aujourd'hui et demain.

Quand l'être humain n'a plus la possibilité de se créer, de créer son environnement, son destin, quand il ne crée rien, il n'est plus rien. À ce moment, il disparaît.

En ce sens, une entreprise fabrique des objets, certes ; elle fabrique aussi de l'humain. Elle produit de l'avoir ; elle produit aussi de l'être. Le travail est gage de pérennité de l'humanité. Il doit donc être maintenu pour lui-même. Pour nous. Pour poursuivre la tâche des bâtisseurs de cathédrales qui construisaient leur personnalité à mesure qu'ils transformaient et sculptaient la pierre : tandis que la pierre se dégageait de la pesanteur de la matière qui l'entourait, l'artisan réalisait que lui-même, dans son être, s'était profondément modelé, il s'était automodelé. Ils transmettaient ensuite le devoir et le travail à la génération future. À la manière de tout travailleur, de ces opérateurs en usine qui se construisent en construisant, pour transmettre à l'autre qui, à son tour, se construit en construisant.

Quid de demain ? C'est la grande question. Il nous faut commencer tout de suite à inventer le travail de l'avenir, l'usine de l'avenir qui ne soit pas remplaçable par l'intelligence artificielle. Il nous faut immédiatement nous mobiliser pour préserver l'humain face aux robots et à l'intelligence artificielle. Il nous faut, en d'autres termes, poursuivre la fabrication de l'*Homo anthropos* plutôt que de songer à l'*Homo deus*. La variable d'ajustement de la société à venir ne se fera pas sans vous et moi, sans chaque individu qui constitue la société.

Sans quoi l'humanité disparaîtra devant le règne des robots ; elle n'aura plus de sens ni de raison d'être.

3

Qu'est-ce que l'intelligence ?

Jeanne a quarante-trois ans. Brillante opératrice, sa polyvalence est précieuse pour l'usine : elle connaît les étapes complexes de la fabrication des faisceaux, la coupe, la presse, les assemblages, elle sait gérer le fonctionnement des machines devant lesquelles je suis moi-même complètement démuni. Sa méticulosité lui a valu une promotion : elle est désormais contrôleuse. C'est elle qui, d'un coup d'œil, détecte les plus infimes défauts, alerte l'opérateur et, si besoin, le chef d'équipe. À l'usine de l'AMIPI de Nantes, où elle travaille depuis ses dix-huit ans, comme d'ailleurs dans les autres usines du groupe, les clients, on l'a vu, sont les constructeurs automobiles haut de gamme. Le produit ne souffre pas la médiocrité, il est à haute contrainte qualité.

Jeanne est sûre d'elle-même. Elle ne l'a pas toujours été. En classe de sixième, ses enseignants, sa famille avaient baissé les bras : trop « bête », elle n'avait toujours pas appris à lire et à écrire.

Et puis, elle « pétait les plombs », comme elle le dit avec un petit sourire, à la moindre occasion. Jugée déficiente intellectuelle, elle ne trouvait même pas une voie de garage pour l'accueillir. Elle tournait en rond, s'enfonçait chaque jour un peu plus dans son isolement. Dans son handicap qui n'avait pas vraiment un nom, sinon « bêtise » et « lenteur ». Elle s'autodétruisait parce qu'elle n'avait aucun moyen de se construire.

L'usine a d'abord été jugée, par son entourage, comme un moyen sympathique de l'occuper. Une sorte d'ergothérapie améliorée. En réalité, personne ne croyait qu'elle réussirait à s'insérer dans une vie professionnelle habituelle, avec ses contraintes et ses exigences. C'était sans compter sur la valeur utilitaire du travail dans une équipe : Jeanne a vite compris qu'elle s'insérait dans un ouvrage collectif, qu'elle participait à quelque chose de plus grand qu'elle-même. Cette finalité a suffi à la responsabiliser : quelqu'un croyait qu'elle avait des possibilités puisque ce quelqu'un lui confiait une vraie tâche dont dépendaient les tâches des autres opérateurs de la chaîne. Alors elle s'est appliquée.

Les premiers jours, elle n'osait pas. Elle n'osait pas dire « je ne sais pas » ou « je me suis trompée », elle craignait les réponses qu'elle avait toujours entendues, depuis sa prime enfance : « Idiote, crétine, trop bête, tout le monde y arrive et toi, tu es incapable... » Et elle s'étonnait d'entendre, en retour : « Tu es capable, je vais te montrer comment faire. » On lui faisait confiance, elle a appris à se faire confiance. Elle s'est découvert des capacités singulières, en particulier une étonnante mémoire visuelle qui s'est développée de manière exponentielle sous l'effet du milieu productif dans lequel elle se trouvait et dont elle était un rouage essentiel.

Elle ne sait pas lire ? Désormais, elle sait « photographier » mentalement pour retrouver la bonne information, par exemple le « code défaut » de la coupe d'un câble, et la reporter dans la bonne colonne, sur les cahiers d'inspection – elle a donc une capacité évidente d'appropriation des informations. Cette mémoire assumée et rassurante lui a également transformé sa vie personnelle, dans ces petits détails qui font une vie : reconnaître le nom d'une rue ou d'une station de bus qu'elle a préalablement « photographié », un prix dans un rayon de supermarché, le destinataire d'une lettre.

Pendant des années, Jeanne s'était vécue handicapée mentale. Elle y avait été condamnée en raison de son incapacité à se concentrer – sous-entendu, se concentrer sur les choses de l'esprit, la lecture ou les mathématiques. Son intelligence avait été étouffée. Pourtant, même si elle n'est pas douée pour les études intellectuelles, Jeanne est drôlement intelligente. Elle est un génie par sa dextérité, par ses capacités manuelles. Et par sa force inouïe de concentration sur son ouvrage, durant des heures s'il le faut. Beaucoup d'autres n'y résisteraient pas…

Il lui était reproché, depuis l'enfance, d'être lente. À l'usine, les tests avaient démontré qu'elle n'était pas plus lente que la moyenne, surtout pour les travaux manuels. Son temps d'apprentissage était un peu plus long, il avait demandé un petit peu plus de patience. Mais à l'arrivée, elle était même rapide. Au fond, et je n'ai pas la réponse à cette question, la lenteur de Jeanne était-elle entièrement innée, ou en grande partie issue d'un conditionnement, de l'intégration, par elle, du schéma de la lenteur qui lui était à longueur de temps reprochée ?

Quant à Olivier, à qui un instituteur sadique donnait des coups de règle en fer sur les doigts, manque-t-il d'intelligence ou est-il tout simplement victime d'un traumatisme qui n'a jamais été reconnu et dont il n'a pas été délivré ? À l'usine, il est assistant de ligne et manage une chaîne de quarante personnes. Il a quarante-sept ans, deux enfants, trois petits-enfants. Mais quand il parle de ce maître, il tremble encore. À six ans, il avait tellement peur de se tromper qu'il avait cessé d'étudier. « Il est resté dans ma tête. Lire me rappelle M. Rostan. Et c'est dur. » Olivier, jugé pas assez intelligent, a quitté l'école à l'âge de douze ans sans rien avoir appris. Aujourd'hui encore, dès qu'il ouvre un livre, l'image de son professeur, ou plutôt de son tortionnaire, lui revient. Mais, à l'usine, son travail est formidable et il a enchaîné les promotions grâce à ses capacités manuelles. Enfant martyrisé, il porte ce handicap, mais il n'est pas handicapé. Il est redoutablement intelligent.

L'usine a permis à Olivier d'être. Et il est beaucoup de choses : opérateur, assistant de ligne, père, grand-père. Et il est d'abord un être humain, avec sa dignité. Inemployé, il se serait encore plus enfoncé dans sa névrose et sa pseudo-incapacité, rongé par les angoisses, les cauchemars, voué à la dépression et à l'exclusion. Il aurait été annihilé. Son traumatisme n'est pas exceptionnel.

Aux États-Unis, il m'a été donné de visiter des hôpitaux réservés aux vétérans de guerre. Leurs syndromes de stress post-traumatique ont entraîné chez eux une incapacité, un blocage à très long terme. Abrutis de tranquillisants, passifs à longueur de journée, oui, ils ont cessé d'être intelligents. Mais, au fond, ils le restent encore. Il suffit de leur apprendre à redécouvrir tout ce qu'ils ont en eux.

J'ai longtemps enseigné les sciences humaines à la Sorbonne, à Paris. J'ai dirigé des thèses de doctorat et j'ai vu défiler des générations d'étudiants brillants, capables de disserter pendant des heures sur Freud ou sur Platon. Mais j'en voyais beaucoup totalement démunis face à une machine, ne serait-ce qu'un photocopieur : ils appelaient à l'aide. Ils n'avaient aucune intelligence manuelle. C'est, à mon avis, un handicap. Mais on ne les désignait pas comme des handicapés : ils avaient une autre forme d'intelligence, intellectuelle celle-là. Ils étaient, comme Jeanne, comme nous tous d'ailleurs, capables de réaliser certaines choses, mais incapables d'en réaliser d'autres, ou en tout cas très lentement.

Je ne connais personne ayant développé toutes les formes d'intelligence qui sont l'apanage de l'être humain : l'intelligence des mathématiques, des lettres, de la musique, des mains, de l'espace, de l'abstraction, de la logique, des émotions… Et heureusement ! À l'inverse, nous serions bien démunis si nous n'avions tous qu'une seule forme d'intelligence au détriment de toutes les autres, si nous étions une humanité de génies en mathématiques, mais incapables d'écrire un poème ou de construire une maison : une société ne se développe que si ses membres sont collectivement intelligents. Et, pour devenir intelligent, il existe, à ma connaissance, une recette en or, insuffisamment exploitée : le travail.

Je ne connais personne, non plus, qui ne porte en lui aucune de ces formes d'intelligence. Le défi réel, qui se posera de plus en plus à notre société, consiste à savoir détecter, chez chacun, les capacités dont il dispose et qui sont nécessaires à la collectivité. Et puis de prendre le temps, plus ou moins long selon chaque individu, de l'aider à développer cette capacité singulière. Il ne s'agit en aucun cas de nier les difficultés que peuvent rencontrer certains. Et surtout pas de leur faire croire qu'ils n'ont aucune difficulté ! Ce serait le meilleur moyen de les bloquer dans leur handicap, comme l'avait été Jeanne pendant son enfance.

Dans ce cas, obnubilés par ce qui leur manque et qui est de l'ordre du non-dit, ils en oublient de voir ce qu'ils ont. On évolue en connaissant ses faiblesses, et en étant accompagné pour les surmonter en les contournant.

Notre société est malade à force de vouloir soigner et apporter des remèdes au risque d'abus et d'exagérations. Elle est malade quand on y « devient le handicap », avec ses faiblesses et ses blocages, et que l'on cesse d'y être l'humain, avec ses forces et ses capacités infinies. Un humain avec un handicap, mais un humain d'abord.

Contrairement à ce qu'il en est dans les hôpitaux psychiatriques, je n'ai pas vu de mansuétude ni de pitié dans les usines apprenantes où je me suis immergé, mais bien plus que cela : le professionnalisme d'un environnement structuré, cadré, et d'autant plus rassurant. Surprotéger n'a jamais permis de faire progresser.

Ici on ne ment pas et on ne cherche pas à faire plaisir : une personne handicapée n'est pas un enfant de maternelle dont on applaudit le collier de nouilles ramené pour la fête des mères ! Les erreurs sont pointées (sans jamais être stigmatisées), l'opérateur à nouveau accompagné, et la confiance réitérée. Les lacunes sont relevées, et les possibilités de progrès rappelées. Sans doute que l'exigence du produit fabriqué dans ces usines amène tout le monde à se surpasser. Elle donne à chacun une grande fierté que me racontait Sami, venu un jour aider son beau-frère à réparer sa voiture et qui, sous le capot, découvre un faisceau électrique sorti des usines de l'AMIPI. Cherchant l'étiquette indiquant le nom de celui qui l'a fabriqué (c'est une exigence dans ces usines), il voit son propre nom tamponné. À partir de ce moment, Sami s'est découvert autre. Multi-intelligent…

Nous avons tous une intelligence, une aptitude et un droit au travail. Travailler permet d'exister. D'être « quelqu'un ». De se développer en intelligence et en aptitudes. Travailler vous tient, vous retient, vous soutient, vous maintient. Travailler rend humain.

4

De la main aux synapses

Après la chute du dictateur roumain Nicolae Ceauşescu, en 1989, le monde découvrait, atterré, l'horreur des orphelinats de Roumanie où des dizaines de milliers d'enfants étaient enfermés comme des bêtes sauvages, privés d'affection, d'action, de jeux, des soins les plus élémentaires. Plusieurs ONG se sont alors mobilisées pour leur venir en aide et, à l'occasion des examens médicaux auxquels ces enfants ont enfin eu droit, un certain nombre d'études scientifiques et psychologiques ont pu être menées.

Parmi ces études, celles de Şerban Ionescu ou de Daniel Stern méritent que l'on s'y attarde. Elles partent d'un même constat : l'imagerie IRM dévoilait chez ces enfants des cerveaux atrophiés, comme s'ils avaient été rétrécis au fil des ans. Placés dans des conditions normales – j'entends, par ce mot, dans un milieu affectueux, mobilisateur, avec, à leur disposition, des jeux et surtout des interactions avec d'autres humains –, les IRM effectuées à intervalles réguliers révélaient un développement du cerveau, autrement dit une capacité de résilience des neurones et de leurs synapses qui se régénéraient et se multipliaient au fur et à mesure des interactions affectueuses et respectueuses avec d'autres personnes, et donc des apprentissages et des progrès comportementaux.

Le cerveau humain est d'une plasticité exceptionnelle que l'on n'a pas fini d'explorer. Mon ami le neuropsychiatre Boris Cyrulnik a consacré quantité de travaux à cette plasticité qui, insiste-t-il, fait que les dégâts occasionnés dans un cerveau ne sont jamais irréversibles, pour peu qu'il continue d'être stimulé émotionnellement et intellectuellement.

On dit couramment que le cerveau se « muscle ». On sait que la mémoire peut être entraînée et ainsi devenir plus performante. Plus couramment, chez chacun d'entre nous, des zones spécifiques du cortex se développent, s'enrichissent de nouvelles synapses, c'est-à-dire de connexions accrues entre les neurones, à mesure que nous les sollicitons et les mobilisons pour mener à bien nos activités. Les zones dédiées à l'odorat et au goût sont plus développées chez les œnologues, celles qui guident la préhension sont infiniment plus connectées chez les artisans que chez un employé de bureau. On les voit « en action » sur les PET scan, reflétant l'activité des neurones, sous l'effet d'une action donnée.

J'ai vu, sur ces écrans, le cerveau d'un pianiste en train d'écouter une sonate de Beethoven s'illuminer de mille feux – chez un non-pianiste, quelques circuits neuronaux sont formés à cette écoute, mais ils sont infiniment moins nombreux. Il en va de même pour un joueur de football qui suit un match : ses circuits sont déjà développés par les mouvements qu'il voit. Le mimétisme fait le reste : sur les écrans de contrôle, son cerveau est une explosion de couleurs, beaucoup moins et de manière moins spécifique chez les non-amateurs de football : dans leur cerveau, ces circuits ne sont pas aussi importants, parce qu'ils ne sont pas « utilisés ».

Je pourrais multiplier les exemples. À l'usine de l'AMIPI de Nantes, quand elle a découvert les capacités de sa mémoire visuelle et qu'elle en a fait le pilier de son intelligence, Jeanne a soumis son cerveau à une vraie gymnastique. Si elles avaient été effectuées, les imageries médicales, qui sont de plus en plus précises, auraient révélé un développement physique des neurones dans les zones du cortex où sont conservés les souvenirs (les lobes pariétaux, temporaux et occipitaux).

De la même manière, à l'usine de l'AMIPI du Mans, quand Antoine est peu à peu sorti de la prostration où le plongeait son autisme, et qui augmentait au fur et à mesure qu'on le laissait végéter dans son coin, les gestes simples mais à but utile qu'il effectuait tous les jours à l'usine entraînaient automatiquement un réveil des neurones dans les zones cerébrales concernées par le mouvement. Des circuits neuronaux se sont créés à chaque nouveau geste appris. Son cerveau s'est régénéré, jusqu'à lui permettre d'acquérir l'autonomie dont il fait montre aujourd'hui, aussi bien dans son travail que dans sa vie personnelle.

Jeanne, Antoine, les autres opérateurs avec qui je me suis longuement entretenu ont littéralement musclé leur cerveau parce qu'on leur a donné l'opportunité de le faire. On leur a fait confiance et on leur a donné confiance en eux-mêmes. Ils étaient enfin confortables, heureux, dotés de l'envie de développer leurs capacités, leurs talents, par imprégnation de ce même désir qu'ils voyaient autour d'eux. Ils ont imité, ils ont travaillé. Et, les entraînant dans un cercle vertueux, le travail leur a apporté plus que de l'avoir : de l'être. Leurs neurones étaient sollicités, ils se développaient – et continuent de le faire – à mesure que leurs mains leur envoyaient des messages pour les stimuler et recevoir, en retour, l'influx nerveux qui instigue et guide leur mouvement.

L'exercice de la psychiatrie m'avait amené à toucher du doigt l'erreur de Descartes affirmant la dualité de l'être humain avec une totale séparation du corps et de l'esprit – l'âme, désincarnée et supérieure à la matière, n'ayant, selon lui, rien à voir avec le corps. Pourtant, je voyais bien que les angoisses, essentiellement psychiques et spirituelles, de mes patients, pouvaient être calmées par un comprimé ou une injection. Certes, le médicament en soi ne guérit pas les causes d'une dépression ou d'une agitation extrême, mais il calme le mental et permet ainsi d'ouvrir le dialogue, donc de trouver une sortie de crise. Et, comme les médicaments agissent sur le cerveau pour influer sur l'humeur, un autre chemin se révèle tout aussi praticable et efficace : l'humeur influe sur le cerveau.

Quand Diane est arrivée à l'usine du Mans, elle sortait de six années d'ennui à la maison. Sa seule occupation consistait à prendre soin de son lapin domestique. Ses parents travaillaient, son frère suivait une scolarité normale, elle attendait que la journée passe et que la suivante commence, identique à celles qui l'avaient précédée et qui la suivraient. « Mon enfance n'a pas été facile en termes d'amitié », dit-elle pudiquement pour résumer sa mise à l'écart, sa solitude : trop lente, trop perturbatrice, trop émotionnelle. À vingt-six ans, ses proches lui disent encore qu'elle a « le comportement d'une gamine de douze ans ». Il y a quelques années, un psychologue avait confirmé le verdict : « Il m'avait dit que j'étais lente, que j'ai du mal à exécuter deux actions en même temps et que je souffre d'un manque de maturité. » Elle a tenu ce diagnostic pour acquis. Il est tout à fait possible qu'elle se moulait dans ce schéma, devenu un modèle pour elle.

Pourtant, à l'usine, Diane accomplit des choses qu'une gamine ne saurait faire : elle travaille désormais au « magasin », en amont de la chaîne de production. C'est elle qui est chargée de préparer les kits destinés à chaque équipe, de trier des masses de fils ayant chacun une spécificité, d'embouts particuliers, de boîtiers avec références à cinq chiffres, en utilisant la délicate balance compteuse. Elle est certes plus lente que la moyenne, mais aussi plus scrupuleuse que la moyenne. Les kits qu'elle réunit sont impeccables : jamais une erreur, jamais un oubli. Ici, elle a gagné en rapidité et surtout en maturité. Des circuits neuronaux se sont formés grâce au travail de ses mains, dans un premier temps comme opératrice. Elle a procédé par apprentissages successifs, chaque apprentissage, induit sous l'effet du mimétisme, «fabriquant», en même temps que des objets, un peu plus le cerveau. Ses neurones se sont régénérés, puis multipliés.

Depuis, Diane, que son entourage croyait perdue, a passé son permis de conduire. Elle envisage de prendre son indépendance et de louer un appartement. De s'insérer dans un milieu professionnel «normal» en travaillant dans le secteur animalier. Et surtout de ne plus jamais arrêter de travailler : «Ça me fait du bien, je reçois un salaire et puis surtout je change, j'évolue, je parle avec mes collègues. Je ne suis plus la même. C'était difficile au début, je ne pensais pas y arriver, je devais tout apprendre, et très vite. Et j'ai réussi. C'est étrange, à l'usine, j'ai grandi…»

Diane a grandi quand elle a cessé d'être surprotégée. Quand elle a dû «faire». D'une certaine manière, son esprit a dû alors apprendre à coloniser toutes les parties de son corps (y compris, bien sûr, son cerveau), à «remplir son être». La surprotection est, en ce sens, une forme d'exclusion – d'activités, de possibilités, et donc, on l'aura compris, de droit à s'améliorer et à progresser.

Jadis, les enfants qui travaillaient mal, qui étaient dissipés, trop lents ou trop agités, étaient raisonnés, parfois grondés, et surtout aimés. Ils n'étaient pas stigmatisés parce qu'ayant moins d'appétence pour la chose intellectuelle. Par contre, ils étaient placés sur une voie qui leur convenait mais sur laquelle ils étaient bien obligés d'avancer – ne serait-ce que pour répondre à la confiance placée en eux. Ils étaient responsabilisés et, même s'ils n'accédaient pas tous au même degré de maturité, ils se développaient et parvenaient, envers et contre tout, à de belles réussites.

C'est cette même technique, finalement très naturelle, qui est mise en œuvre dans les usines apprenantes. J'y ai rencontré des opérateurs, ailleurs catégorisés «handicapés», s'étonner eux-mêmes de leur savoir-faire («Je suis capable de réaliser ce montage!»), s'enthousiasmer pour participer à un nouvel apprentissage, et découvrir que cet ensemble de savoir-faire est transposable dans leur vie privée, dès lors qu'ils y sont également responsabilisés. Par exemple remplir une feuille de remboursement de soins sans se dissimuler derrière un «je ne sais pas», alors même qu'à l'usine ils remplissent des documents bien plus complexes !

On l'aura compris, les mains participent à l'élaboration des synapses. Mais encore faut-il qu'un milieu favorable participe à cette construction de l'être. Le respect et la confiance sont indispensables. La discipline et la rigueur, l'exigence aussi, qui contribuent à responsabiliser l'individu. Il n'est pas question, dans ces usines, de câlinothérapie. L'un des encadrants m'a même confié : « Nous ne prenons pas de gants, nous sommes parfois rentre-dedans. Nous ne nous essayons pas au jeu du "mon pauvre, je peux comprendre, avec ton handicap". On ne ferait que pérenniser le problème, enkyster l'individu dans ce handicap. Mais en même temps, comme dans toute entreprise, nous discutons quand il y a une baisse de régime, un problème. Nous rassurons, nous levons un tout petit peu le pied… mais en rappelant quand même l'obligation d'assurer un rythme de travail en adéquation avec leurs capacités. N'est-ce pas aussi le cas dans les entreprises classiques ? »

Le fait d'avoir un objectif à atteindre et à remplir (dans les usines, le nombre d'objets à fabriquer) est, en soi, un défi qui pousse vers l'avant. Je suis triste, angoissé ? Mais le reste de la chaîne m'attend, je dois quand même y aller. Un petit pas après l'autre conduit vers l'avenir. Trop compliqué ? Je dirais plus simplement humain. Mais il est vrai que, dans notre société, l'humain tend à disparaître.

J'ai vu des opérateurs qui avaient été exclus de l'école en raison de leur incapacité à se concentrer et de leur grande agitation. J'avais un copain très agité, à l'école. On le qualifierait aujourd'hui d'hyperactif et on lui donnerait des médicaments. Notre instituteur avait trouvé une autre méthode : il le plaçait, pendant quelques minutes, debout sur une table, portant un petit meuble. Jean-Pierre, c'était son nom, devait s'immobiliser pour ne pas tomber de la table. Au terme des quelques minutes, il était apaisé… et il a poursuivi sa scolarité jusqu'au baccalauréat, toujours plus actif que les autres, mais ayant peu à peu appris à rester plus ou moins calme.

Agités ? Incapables de se concentrer ? Dans les usines, les opérateurs sont pourtant à leur poste, profondément concentrés sur le travail de leurs mains, effectuant pour certains une tâche d'orfèvre, d'une minutie ne supportant aucun instant d'inattention. Attentifs à ce qu'ils sont capables d'effectuer, leur prétendu déficit d'attention a disparu comme par magie. Leur cerveau, lui, a appris à se calmer. Leur énergie est enfin canalisée. Et ils sont tellement soulagés, enfin valorisés…

5

Le modèle, moteur de vie

Nous ne sommes pas libres de ne pas imiter : le mimétisme, on l'a vu, est inhérent à notre construction physique, neurologique, psychique. Et heureusement, parce qu'il est le moteur qui nous fait apprendre, progresser, avancer. Devenir humains.

J'ai infiniment plus appris auprès d'un maître que je voyais examiner un patient que dans les livres. J'apprenais en l'entendant parler mais, plus encore, à travers son comportement : la manière dont il touchait les malades, les examinait, leur prenait parfois la main pour les rassurer. Je me suis formé en imitant mes maîtres ; ils étaient mes modèles.

Si Antoine, Olivier, Jeanne, Diane et les autres avaient été jetés dans le grand bain du travail sans l'accompagnement humain et la mise en confiance qui leur ont servi de tremplin, qui les ont tirés vers le haut, ils en seraient aussitôt ressortis, à nouveau exclus, encore une fois rejetés dans leur handicap. Condamnés.

L'intelligence de l'usine apprenante est d'assumer pleinement le modèle médiéval du compagnonnage. Celui de la transmission de maître à élève, au prix de la patience dans la confiance, du cheminement à deux, chacun à son rythme, de la progression grâce à l'accompagnement. De l'assumer et, plus encore, de l'affiner à travers une hiérarchie de modèles, tous conscients de l'enjeu qui est le leur et de leur responsabilité qui est ici affirmée.

Le premier modèle, le plus proche, y compris géographiquement, est «l'ancien», les opérateurs expérimentés, ayant un handicap eux aussi, qui prennent le nouveau sous leur aile, de manière informelle. C'est ce que j'appellerais un mimétisme horizontal. Ces anciens ont suivi le même parcours, ont traversé les mêmes difficultés, ils ne sont pas des chefs, mais des égaux qui en savent un peu plus parce qu'ils ont déjà appris, et leur envie, leur intention de travailler, de produire, est aussitôt captée par les neurones miroirs du nouvel arrivant. Mon collègue va arriver à encliqueter le fil? Il réveille mon désir. Mes neurones miroirs s'activent, ils donnent le coup d'envoi du «besoin» d'imiter. Celui-ci fonctionne d'autant mieux que les collègues habitent le rôle de modèle horizontal.

Mon ami Andrew Meltzoff, patron de l'Institute for Learning and Brain Sciences de l'université de Washington, avait mené une expérience prouvant le mimétisme de l'intention, donc du désir. En présence d'un groupe de très jeunes enfants, il avait saisi un stylo et tenté de le décapuchonner, en échouant. Des stylos identiques ont été remis aux petits qui ont effectivement réussi à ôter le capuchon. Ils n'avaient pas seulement imité son geste (qui n'avait pas abouti), ils avaient compris son intention, donc son désir. Par mimétisme, ce désir (décapuchonner le stylo) était devenu le leur, ils ont été au-delà du geste de leur modèle, ils l'ont complété.

Et puis il y a le mimétisme vertical où l'on peut regarder l'exemple du chef, une référence, un modèle mimétique qui doit être conscient de son rôle de modèle/maître et prendre sa responsabilité en tant que tel.

Le premier degré de modèle vertical est un pari de l'AMIPI… et c'est un succès. Ce sont les « assistants opérateurs ». Odile en fait partie. Jugée « perdue » par le système éducatif et par les siens, elle entre à l'usine en 1988. Autour d'elle, personne ne croit qu'elle y restera : trop lente, trop agitée, trop brouillonne. Trop handicapée. Mais, sur son poste de travail, Odile fait partie des meilleurs. Les autres opérateurs la reconnaissent pour ses compétences et lui demandent conseil, de manière informelle. Au bout de quelques années, son statut d'assistante est officialisé.

Elle ne sait toujours ni lire ni écrire, c'est elle cependant qui a la charge de former les nouveaux embauchés, mais aussi les intérimaires qui n'ont pas un statut de handicapés et qui sont appelés en renfort, comme dans toutes les entreprises, pour renforcer la production en périodes de pointe ou pour remplacer les absents au moment des vacances. Elle était émue, les premières fois. Terriblement timide, elle bégayait. Puis il y a eu les compliments de ses «élèves» stagiaires : ils étaient contents, elle s'est rassurée. Elle, qui vit chez ses parents, a un grand sourire en racontant son métier : «Au moins, je sers à quelque chose.»

Odile est un excellent modèle. Elle ne juge pas, elle ne console pas : elle laisse les opérateurs (et les stagiaires) prendre leurs responsabilités, elle les traite en adultes et ne les pousse pas vers la maladie ni la plainte. «S'ils pleurent, je les laisse pleurer, je reviens après.» Elle est suffisamment sûre de ses capacités au travail pour ne pas craindre la rivalité de ceux qu'elle aura formés. Eux-mêmes savent qu'elle est là pour les aider, pas pour les juger. Et qu'il leur suffit d'imiter le geste qu'elle leur indique pour l'apprendre et s'améliorer. En travaillant dans la réciprocité, les deux parties se sentent vivre. Par contre, confinées chez elles, à ne rien faire entre quatre murs, elles seraient mortes. C'est la différence entre la vie et la mort, entre l'être et le non-être, entre l'avoir et l'être.

Le deuxième niveau de modèle vertical est l'assistant de ligne qui supervise un groupe d'opérateurs, un «chef de proximité» qui tient lieu de référent, peut intervenir rapidement puisqu'il est toujours sur place, au milieu de son équipe, pour dépanner en cas de souci. C'est une fonction d'abord utilitaire, dévolue au mieux sachant, reconnu comme tel par ses pairs, ce qui empêche les rivalités de se mettre en place : il sait faire ce que d'autres ne savent pas faire, un point c'est tout.

Les inévitables jalousies suscitées par la promotion d'Olivier à cette fonction se sont vite éteintes quand il s'est montré apte à l'habiter : il a su dépanner les opérateurs qui lui posaient des questions et ils ont perçu qu'il était à la hauteur de sa responsabilité. Eux-mêmes n'étaient pas encore capables d'une telle polyvalence ; leur troisième cerveau (les neurones miroirs), raisonné par le premier cerveau (la raison), ne s'est donc pas réveillé pour revendiquer : « moi aussi ». J'avais vécu les mêmes situations durant mes études de médecine quand, internes dans les hôpitaux, nous critiquions le patron jusqu'au jour où nous avions un problème avec un patient. Le patron corrigeait aussitôt le traitement, le lendemain le malade allait mieux. Nous réalisions que nous ne pouvions pas prendre sa place parce qu'il nous restait encore des choses à apprendre. Le respect pour ses compétences étouffait jalousies et rivalités.

Dans les usines de l'AMIPI, je l'ai déjà signalé, les encadrants à proprement parler, ceux que l'on appelle ailleurs les cadres et cadres supérieurs, et ici « chefs », ne sont pas très nombreux. Et c'est une volonté délibérée, destinée à responsabiliser les opérateurs et les assistants de ligne, le meilleur moyen d'amener tout le monde à se dépasser sur la voie du progrès : avant de faire appel au « grand chef », on essaye de gérer la situation, de résoudre le problème, de développer son autonomie. Il interviendra en dernier lieu, si besoin.

Ces encadrants sont les niveaux supérieurs des modèles verticaux, ils sont par ailleurs les véritables détenteurs de l'autorité. La hiérarchie est clairement établie et, même si cette notion semble désuète dans un certain nombre d'entreprises depuis l'apparition des start-up prônant l'horizontalité, mon expérience me démontre qu'elle reste garante de l'ordre en tant que facteur de paix. D'une part, elle structure le collectif en posant des repères bien visibles et bien connus de tous. D'autre part, quoi que l'on en pense, un salarié a besoin de savoir ce qu'il y a à faire, et à qui référer en cas de problème. Il a besoin d'un « grand modèle » qui, quoi qu'il advienne, sait plus et mieux que lui et se montre pleinement capable de le rassurer. C'est d'ailleurs la raison pour laquelle, dans toute entreprise, le patron, le maître, doit toujours être en avance sur ceux qu'il dirige. Faute de quoi, il ne peut plus servir de modèle, et le désordre s'installe. On en a tous les jours de nombreux exemples sous les yeux…

La hiérarchie est le garde-fou de la rivalité. Elle est un traitement contre elle. Shakespeare, excellent observateur de l'âme humaine et des pathologies des sociétés, constatait, avec une grande sagesse, que la dissolution des hiérarchies, c'est la violence généralisée : « *When degree is gone, violence sets in*» («Quand la hiérarchie disparaît, la violence prend place»). Une armée part en débandade quand, sur le champ des opérations, le soldat cesse d'obéir au caporal et le colonel se révolte contre le général. La rivalité se répand et la bataille est alors perdue. Aujourd'hui, on tait le mot «hiérarchie», on rejette le mot «patron», et l'on a tort : ce que l'on perd en mots, on le perd aussi en valeurs, en schémas. Les populations les plus fragiles ont pourtant besoin de cette colonne vertébrale pour garder leurs repères et, à partir de là, progresser. C'est une grande injustice qui touche d'ailleurs tous les métiers. Je la vois dans mon secteur aussi, celui de l'hôpital : quand j'étais étudiant, nous avions des «patrons». Il ne subsiste aujourd'hui que des PUPH – professeur d'université praticien hospitalier. D'excellents professionnels de santé, l'aura et l'autorité en moins. Des modèles sont en train de disparaître.

À l'usine du Mans, Frédéric est chef d'atelier : 160 opérateurs à gérer, 3 gros clients à livrer, un travail obligatoirement de grande qualité. Sa carrure est imposante, rassurante. Il connaît le métier, les différents métiers de l'usine : il n'est pas un modèle qui prétendrait être modèle et ne le serait pas. Il est là parce qu'il sait, mais, bien sûr, il lui arrive de ne pas savoir. En vrai modèle, il joue la carte de la franchise : «Je n'ai pas la réponse, mais je vais tout faire pour l'avoir.» Il prend le temps de la chercher, la transmet. Et il est d'autant plus respecté.

Pour le visiteur venu de l'extérieur, un élément est d'emblée frappant : la bonne humeur qui règne dans les ateliers. Pas de récriminations ni de ressentiments, pas de plaintes ni de dépressions, mais une action collective qui fonde le vivre ensemble. Le «chef» a une astuce qu'il me révèle : il fait jouer le mimétisme. Quand il arrive le matin, même s'il est fatigué, il sourit, donne l'impression d'être en pleine forme; les opérateurs calquent inconsciemment leur comportement sur le sien. Mais les matins où les soucis transpirent sur son visage, il a constaté que, dans les équipes, les opérateurs sont plus fatigués. Ils ont moins d'allant. Ce n'est pas étrange : c'est juste une question physiologique de neurones miroirs…

J'ai observé Frédéric. Rigoureux, il impose la discipline. Il parle de rendement (celui qui est à la portée des opérateurs) et de qualité, il fait abstraction du handicap : il ne le voit tout simplement plus, il ne retient que l'être humain qui lui fait face et lui renvoie une image positive, celle de ses compétences. Mais, en même temps, il est le grand frère empathique qui tend la main pour dire à l'autre : «Viens, on va réussir ensemble.» Il monte à l'assaut avec ses troupes, dans un rapport d'interdividualité particulièrement exemplaire. Il est le leader, le modèle incontestable qu'ont cessé d'être beaucoup de parents, beaucoup d'accompagnants qui annihilent l'interdividualité, soit en hypertrophiant leur rôle (en faisant perdre à l'autre toute responsabilité), soit en renvoyant une image négative à l'autre (« tu n'y arriveras pas »).

Ces deux attitudes, l'une qui se veut débordante d'empathie, l'autre de rancœurs, aboutissent finalement au même résultat : elles bloquent toute possibilité de progrès. Ces modèles-là, qui ne prennent pas leurs responsabilités, cessent alors d'être des modèles pour devenir des contre-modèles.

La qualité du regard que l'on porte sur l'autre est primordiale pour son avenir.

6

Le poison de la rivalité

Le schéma du modèle est infiniment précieux. Et infiniment fragile. Le moindre grain de sable suffit à le basculer dans la rivalité. Et, de manière plus ou moins directe, tous les grains de sable ont le même soubassement : je veux ce que l'autre possède et que je ne lui reconnais pas le droit de posséder.

Le scénario le plus simple à comprendre se déroule tous les jours dans les squares ou les cours de récréation de maternelle. Paul et Jean sont copains, jusqu'à ce que Jean sorte son ballon rouge, infiniment plus désirable, aux yeux de Paul, que son propre ballon vert. Paul va jalouser Jean. Il va vouloir le ballon de l'autre, ils vont se disputer, pleurer.

Plus tard, l'objet de convoitise, source de rivalité, sera une femme (ou un homme), une promotion, un marché, une voiture, une place de parking dans la rue, etc. Le troisième cerveau coince le curseur interdividuel sur la position «rivale» :

«Je suis capable de dire ou faire la même chose, donc de prendre sa place…»

Frédéric, le chef d'atelier, a été en butte à la rivalité d'un adjoint récemment embauché qui était pourtant destiné à une belle carrière à l'AMIPI. Mais très vite, cet adjoint a décidé qu'il voulait le poste de Frédéric et aucun autre : il s'estimait plus compétent que lui à cette fonction; dans son esprit, il y avait donc droit et Frédéric devenait, à ses yeux, un usurpateur. Leur relation, cordiale tant que Frédéric était perçu comme modèle à imiter, s'est tendue. La confiance s'est perdue. C'est l'exemple type de la perversion du mimétisme : l'élève qui veut prendre la place du modèle et l'érige en rival, voire en obstacle. La situation devenant inextricable et déteignant, toujours par mimétisme, sur l'ensemble de l'usine, il a fallu, dans l'urgence, se séparer de l'adjoint.

Il existe aussi des modèles avares. Certains sont avares par nature, avares de leur être, avares même de choses qu'ils ne possèdent pas, ou bien de choses qu'ils possèdent mais qui se partagent, tels le savoir et le savoir-faire qu'ils ont peur de transmettre. Ceux-là se grandissent en rapetissant l'autre. Et puis il y a ceux qui sont avares parce qu'ils ont peur d'être dépassés par leurs élèves. Ils sont très peu sûrs d'eux-mêmes et agissent dictés par un impératif sous-jacent : ils font tout pour interdire à l'élève de les égaler, et bien entendu de les surpasser. Un certain nombre de pervers narcissiques se situent dans cette catégorie. Cette attitude affecte même les rapports familiaux : j'ai connu des parents jaloux du succès de leurs enfants, excédés même de ce succès.

Ces modèles-là ne sont plus que rivaux car un élément essentiel a disparu de la relation interdividuelle : la confiance. Celle que l'élève met dans le maître est importante – sans quoi, le processus d'imitation ne se mettrait pas en place. Celle du maître à l'égard de l'élève est tout aussi importante : elle est un élément de gratification qui signifie l'estime et le respect. Mais, en même temps, l'élève est toujours conscient que le maître sait plus que lui ; il reste donc un modèle à imiter. Les trois cerveaux fonctionnent alors de concert : le premier cerveau (la raison) reconnaît la supériorité du modèle en connaissances, le deuxième cerveau (l'émotion) est gratifié, le troisième cerveau (les neurones miroirs), lui, imite. C'est la configuration neuronale idéale. Par simple méconnaissance de notre fonctionnement cérébral, c'est souvent nous qui y mettons le grain de sable qui la bloquera !

Dans un certain nombre d'entreprises, la rivalité s'installe à tous les niveaux, induite par un curieux phénomène que je nomme le syndrome du « j'ai pas le temps ». Un phénomène qui se répand sous l'effet du stress induit par notre monde qui va trop vite. Concentré sur un problème de stocks ou de production, bousculé par son quotidien, l'encadrant répète ce « j'ai pas le temps » quand des questions lui sont posées par les salariés dont il a la charge. Le groupe tout entier entre dans un cercle vicieux : l'encadrant n'a pas le temps de répondre, ceux qui se réfèrent à lui ne peuvent pas progresser et il a automatiquement encore moins le temps de travailler. Le modèle se coupe de son propre rôle de modèle, de maître, et il coupe ainsi toute relation, toute interdividualité. Les rendements diminuent, et les problèmes de stocks ou de production ne sont pas résolus, au contraire. Le modèle est isolé dans sa tour d'ivoire où il tourne en rond. Privés d'autorité, les employés (mais cela pourrait être aussi des élèves dans une classe) vont entrer en rivalité pour savoir qui d'entre eux prendra les décisions, deviendra le maître. Aucune figure ne s'impose, les jalousies et les rancunes s'installent. La porte s'ouvre à des débats sans fin : qui peut trancher ? L'opérateur, l'assistant de ligne ? Le flux positif est interrompu, à tous les niveaux de l'entreprise.

Le syndrome du « j'ai pas le temps » avait commencé à se mettre en place dans l'une des usines de l'AMIPI. La direction générale, qui chapeaute toutes les usines, avait alors eu l'intelligence de déployer… de nouveaux modèles mimétiques pour couper court aux rivalités – en veillant à ce qu'ils ne deviennent pas de « petits chefs » en rivalité avec les responsables déjà en place. Les meilleurs opérateurs, ceux qui étaient reconnus par leurs pairs pour avoir une bonne maîtrise de leur travail, ont été priés de quitter leurs postes pour se placer à la disposition des autres et les aider à régler leurs problèmes ponctuels, et donc à mieux faire. Ils ont été acceptés pour modèles, parce qu'ils savaient. Les rivalités ont commencé à s'éteindre et, suivis au quotidien, les opérateurs qui étaient dans la moyenne productive ont rapidement progressé, augmentant, par leur nombre, cette moyenne générale. Le schéma mimétique s'est progressivement rétabli et, avec lui, des conditions optimales de travail. Les encadrants, eux, ont retrouvé « le temps ».

La hiérarchie, je ne le dirai jamais assez, est au service du collectif. À la condition qu'elle soit bien étudiée et confiée aux bons modèles. D'ailleurs, dans ces usines, ce qu'on appelle, entre encadrants, « discussions délicates », ce ne sont pas les problèmes techniques ou de production, mais les relations à l'autre, la motivation de chaque individu et du groupe, les capacités de progression humaines.

Dans le cas des opérateurs détachés de leur poste, des actions ont été engagées pour répondre à un nouveau problème de rivalités qui menaçait d'émerger. Au cœur du problème : la polyvalence ! En effet, au fil des mois, parfois des années, certains opérateurs, y compris parmi ceux qui étaient arrivés avec de lourds handicaps, se sont pris au jeu de l'apprentissage. Au gré des postes et des fonctions qui leur ont été confiés, ils sont devenus polyvalents. Une qualité fort précieuse dans toute entreprise : quand il s'agit de remplacer au pied levé un collègue absent, de renforcer une équipe appelée à un surcroît momentané de production, d'assurer une commande inopinée d'un client, en somme de prêter ponctuellement main-forte.

De manière tout à fait informelle, ces « polyvalents » étaient appelés à la rescousse par les responsables, ce qui impliquait pour eux d'abandonner momentanément leur poste, donc de perdre en rendement individuel : ils en étaient venus à se considérer comme des bouche-trous, donc à se mésestimer, alors que, pour les encadrants, il s'agissait d'une belle reconnaissance de leurs capacités. Des frustrations ont émergé, donc des dissonances interdividuelles qui ont entraîné des rivalités : « Pourquoi me demandez-vous toujours à moi de me déplacer de mon poste, et jamais à mes collègues ? »

Pour dissiper ces tensions, plusieurs formations ont été mises en place, d'une part pour les encadrants afin de les aider à porter sur les opérateurs un regard différent et à acquérir une pédagogie active et bienveillante. Et, d'autre part, pour les opérateurs craintifs, un projet avec un laboratoire de neurosciences d'Angers, le GRENE, Groupe de recherche en neurosciences et éducation, fut mis en place à la fois pour les encadrants et les opérateurs, afin que tous comprennent comment le cerveau fonctionne et évolue, et qu'il est fait pour apprendre tout au long de la vie.

Être polyvalent est devenu un statut à part entière, accompagné de mesures pédagogiques destinées à expliquer que la polyvalence est la voie royale pour l'avancement. En d'autres termes, elle

Un moment d'intimité père-fils, entre Maurice et Bernard Vendre, alors âgé de 4 ans, au cours d'une promenade en forêt. © DR

Bernard Vendre, en 1957, sur son tricycle, devant la maison de son grand-père, à Lyon. Un enfant comme les autres… © DR

En 1974, le professeur Robert Debré, compagnon de la première heure, chez lui, en Touraine, avec son ami Maurice Vendre. © DR

De gauche à droite : Bernard Vendre, Maurice Vendre et M. Esseul, conseiller général et maire de La Pommeraye-sur-Loire, lors de la journée portes ouvertes de l'IMP (Institut médico-pédagogique), en 1975. © DR

1969 : inauguration de la Rivière sauvage (IMP de Cholet). Maurice Vendre avec le professeur Debré et son épouse après un repas servi par les enfants, à la surprise de tous les invités. © DR

À l'usine du Mans, Pascal M. explique au professeur Oughourlian l'encliquetage d'un faisceau console destiné au SUV Peugeot 3008. © Gaspard Thiekaro, 2018

Deux opérateurs du Mans, Thierry H. et Émilie P., travaillent sur la ligne de la Peugeot Partner sous le regard encourageant de Quentin Lambert, le directeur de l'usine. © Gaspard Thiekaro, 2018

Une chaîne de travail dans l'usine du Mans. La complexité de la tâche fait partie intégrante de la pédagogie des usines apprenantes. © Gaspard Thiekaro, 2018

Robin C. en posture d'enseignant. Son élève d'un jour : Jean-Marc Richard, le président de la Fondation AMIPI, qui n'hésite pas à se rendre sur le terrain pour suivre les opérateurs dans leur processus d'insertion dans le monde du travail. © Gaspard Thiekaro, 2018

Alain J. est fier de montrer à Maryse Vendre, présidente du Comité scientifique de la Fondation AMIPI, la qualité de son produit. © Gaspard Thiekaro, 2018

Maryse Vendre et Marie-Laure Blandin, directrice de la Fondation en charge des apprentissages, observent David P. fabriquant un faisceau qui sera intégré dans une voiture Renault Traffic. © Gaspard Thiekaro, 2018

Superbe équipe, au Mans, qui relève avec brio les défis de la production, de l'apprentissage et de l'insertion. 1er rang de gauche à droite : Alain, Joël, Michel, Isabelle, Nelly, Céline, Maryse Vendre, Jacqueline, Quentin Lambert, Thierry. 2e rang de gauche à droite : Sophie Labatut, Sophie Suet, Émilie, Laurent, Robert, Nicolas, professeur Oughourlian, Jean-Marc Richard, Charlie, Cécile. 3e rang de gauche à droite : Frédéric Hameau, Vincent, Agnès, Marie-Laure Blandin, Stéphane, Robin et Pascal. © Gaspard Thiekaro, 2018

L'UPAI (Usine de production, d'apprentissage et d'insertion) ultra-moderne de Nantes Métropole, opérationnelle depuis 2017, accueille 260 salariés, en majorité des personnes en situation de handicap cognitif. © DR

Vue de l'immense hall de l'usine de Nantes. Ici, l'espace réservé aux machines de coupe et de montage. © DR

Doriane Pastor, directrice industrielle adjointe et responsable de l'UPAI de Nantes Métropole, en compagnie Jean-Marc Richard devant l'entrée de l'usine. © DR

Devant le totem de l'UPAI de Nantes. De gauche à droite : Doriane Pastor, Jean-Marc Richard et Sophie Labatut, directrice de la Fondation en charge de l'insertion. © DR

Yann B. : la satisfaction du travail bien fait, aux normes de qualité exigées par les constructeurs et équipementiers automobiles. © Pascal Guittet, 2017

Une immense complicité entre Jean-Marc Richard et le professeur Jean-Michel Oughourlian. © Gaspard Thiekaro, 2018

Jérémy B., héros 2018: parcours exceptionnel de persévérance pour s'intégrer dans l'entreprise Tremblaye logistique, au Mans. En compagnie de M. Moison (à gauche), son responsable dans cette nouvelle structure. © Pascal Guittet, 2017

permet de grandir. L'enjeu managérial a ainsi consisté à donner envie. Et il a réussi.

Je sais que cette question se pose aujourd'hui avec acuité dans un nombre grandissant d'entreprises où il est demandé aux salariés d'être multi-poly-tâches – il y a deux ou trois décennies, ce sont les métiers mono-tâche qui étaient la règle : dans un commerce, le caissier ne s'occupait jamais de la mise des produits en rayonnage, et dans une entreprise, la dactylo n'aurait jamais imaginé se voir confier le standard téléphonique. Ce n'est plus le cas, mais les nouvelles règles sont souvent restées de l'ordre du non-dit. Or, l'accumulation des non-dits à tous les niveaux, y compris celui-ci, entraîne des frustrations, un stress pourtant facilement évitable. Formaliser, hiérarchiser, dire l'utilité, donne envie de s'insérer puis de progresser.

Cédric était dans cette situation. À son entrée à l'usine, en 1999, il reconnaît qu'il a été « long à apprendre ». Ses formateurs auraient pu être tentés de baisser les bras ou de le « laisser tranquille ». Ils l'ont, au contraire, poussé à réussir, en répétant le même geste devant lui, et puis en lui expliquant l'utilité de ce petit geste pour le reste de la chaîne et, plus largement, pour toute l'usine. En travaillant, il a développé ses capacités. Il a appris à assembler les câbles en suivant les différents schémas de montage, puis à utiliser les machines de coupe, à contrôler les produits finis, à gérer le magasin et même à manier un ordinateur – ce qui lui aurait été inaccessible au départ. Il est devenu un parfait polyvalent.

Un double statut a consacré cette polyvalence : quand il n'est pas à son poste de travail, celui d'opérateur de production, Cédric est soit à l'un des nombreux postes en polyvalence, soit assistant en formation. Dans ce dernier cas, il revêt une autre casquette et forme de nouveaux arrivants et même des collègues. Il a cultivé un désir qui est, pour lui, la source d'une immense satisfaction : mener à bien les formations et constater que ses «élèves stagiaires» réussissent à mettre l'apprentissage en pratique. «Cela signifie que je suis un bon formateur», me dit-il, épanoui. Il n'a pas oublié les difficultés qu'il avait eues à apprendre ; son accomplissement est désormais de transmettre. C'est le cas de tous les bons maîtres, de tous les bons professeurs : leur bonheur est d'initier des élèves à leur savoir sans en être jaloux.

Cédric se sent exister, admet se reconnaître une valeur qu'il n'aurait pas s'il était resté chez lui, survivant avec une allocation adulte handicapé. Il apporte cette valeur ajoutée à l'usine, mais l'usine lui apporte aussi ce que j'appelle le droit fondamental à l'épanouissement. Grâce à son salaire, il a pu prendre son indépendance. Il est aujourd'hui en couple.

7

Le goût de l'effort

L'arrivée de Charles à l'usine a été un défi – un de plus. Fortement bipolaire, il avait passé de nombreuses années à alterner les longues phases d'excitation intense et quelques périodes de forte dépression. Il était fréquemment hospitalisé en section psychiatrique où des traitements chimiques lourds lui étaient administrés pour stabiliser son humeur – en le coupant de tout élan intérieur. C'est en dernier recours qu'il avait été orienté vers le monde du travail. Une ultime chance, avant une nouvelle hospitalisation, inéluctable, y compris de l'avis de ses médecins.

Je l'ai rencontré pour la première fois au magasin de l'usine du Mans où il s'activait. Mis à part une très légère raideur et un débit de parole un peu plus lent que la moyenne, rien dans sa conversation ne laissait entrevoir son handicap. Rien ne m'aurait non plus laissé supposer qu'il poursuivait son traitement chimique – une injection bimestrielle et des comprimés quotidiens qui, quand ils sont administrés à l'hôpital, transforment le patient en légume, prostré sur une chaise jusqu'au moment d'être reconduit au lit.

À l'usine, Charles s'était vu d'emblée fixer des objectifs et un niveau d'exigence qui sont très vite allés croissants. Il est monté en puissance, progressant à mesure qu'il s'installait dans la routine d'une vie professionnelle. Il s'accrochait à son travail dont il a eu l'intelligence de comprendre qu'il était, pour lui, l'unique voie de sortie. Il avait conscience de chaque nouvelle étape franchie, et hâte d'en franchir une autre.

La perte de l'allocation pour adulte handicapé au profit du salaire fut vécue par lui comme une belle victoire. La location d'un appartement où il s'est installé seul en fut une autre. S'est-il ainsi éloigné d'un environnement qui lui était toxique, même involontairement ? C'est possible, lui-même était satisfait de sa nouvelle vie, « sans interférences ni paramètres à prendre en compte », comme il le dit. Il s'est obligé à s'activer pour se prendre en charge : nettoyer, ranger, faire les courses, la vaisselle. Il s'est découvert une passion pour les nouvelles technologies, podcaste de la soul et des émissions de radio qu'il écoute ensuite, quand il a le temps. Au fond, il s'est découvert une « culture travail ».

À l'usine, il a redoublé d'efforts. Il a été promu magasinier. Depuis qu'il y était arrivé, il n'était plus vu comme un handicapé ; il a cessé de se regarder comme un handicapé. Enfin stabilisé, il a pris confiance en lui-même. Il s'est reconstruit.

Quand j'ai revu Charles quelques mois plus tard, il avait quitté l'usine apprenante de l'AMIPI où il avait passé un an et demi. Il travaille désormais quelques kilomètres plus loin, dans un milieu dit « normal » : une entreprise de livraison, une sorte d'Amazon à petite échelle où il collecte les produits de petite dimension dans un vaste entrepôt et prépare les colis d'expédition à partir des bordereaux d'envoi. Il a réussi ce que l'on appelle ici le parcours d'insertion.

Nous étions juste après Noël, il était fier d'avoir tenu le coup malgré le rythme intense des livraisons durant tout le mois de décembre. Un tuteur de référence lui avait été désigné ; sa présence le rassure, même s'il a de moins en moins besoin de le consulter. Formidablement intégré dans sa nouvelle équipe, il admet multiplier les efforts de sociabilisation, quand il travaille et au moment des pauses, là où il rejoint ses collègues pour bavarder, se détendre, oubliant enfin complètement son handicap pour devenir « un gars normal, comme les autres ». Il souffre parfois, sous l'effet de son traitement, de fatigue musculaire, de quelques crampes et raidissements. Mais peu lui importe : motivé, il a pris goût à son nouvel emploi. Il est radieux : « J'ai avancé dans la vie, j'ai un statut. »

Charles s'était fait des amis à l'AMIPI. Il met un point d'honneur à retourner régulièrement les voir, après son travail, pour leur raconter sa nouvelle vie. Involontairement, il est devenu leur modèle. Quentin, le coordinateur des sites de la Fondation AMIPI (l'équivalent d'un directeur industriel), regrette d'avoir « perdu un bon » mais s'enorgueillit de l'usine qui l'a rendu autonome, opérationnel. Il encourage les visites de Charles à ses anciens collègues : il sait que celles-ci accéléreront le processus d'insertion qui lui tient à cœur – l'insertion des opérateurs des usines apprenantes dans des usines dites « normales ». Charles est désormais le modèle qui leur dit : « Je l'ai fait, imitez-moi. Maintenant vous êtes prêts. » Il les libère de la peur du changement en leur procurant une motivation qui, dans mon langage, se dit désir. Or tout désir est mimétique, et par conséquent contagieux.

Chaque année, une quinzaine d'opérateurs franchissent le pas, sortant ainsi encore plus de leur handicap grâce à leur goût du travail qui les a amenés à s'améliorer, à progresser, à aller au-delà du handicap mental ou intellectuel en s'appuyant sur leurs forces, sur leur intelligence, quelle que soit la forme qu'elle prenne. Évidemment, la plongée dans le grand bain effraye certains. L'exemplarité des anciens, modèles vertueux, est la meilleure pédagogie pour démystifier l'insertion. La carte de l'interdividualité fait, comme toujours, des merveilles…

Les usines apprenantes ne sont pas un milieu différent des usines dites « normales ». Certes, les salariés y sont, dans leur écrasante majorité, porteurs de handicaps, mais les règles et techniques de gestion des ressources humaines (et industrielles) sont identiques. Les forces et les faiblesses de chacun y sont sans doute exacerbées – un caractère anxieux y est très anxieux, un timide y est maladivement timide, mais un rapide y est très rapide, et un tempérament patient, comme celui de Patrice, lui permet de se réjouir, jour après jour, d'une tâche dont la répétitivité pourrait sembler insupportable à d'autres. Or, depuis des années, Patrice vient chaque matin au travail avec le sourire…

Par ailleurs, beaucoup, parmi ces salariés, ont eu un parcours assez lourd, du fait de leur handicap : ils ont connu l'exclusion ou la surprotection, souvent les quolibets et les remontrances qui les ont profondément marqués, les journées interminables à ne rien faire, la différence vécue dans la chair. Leur désir de s'intégrer, de se normaliser, est d'autant plus prégnant. Sur place, ils réalisent très vite que cette normalisation se fera par le travail. Cette affirmation est cependant valable pour n'importe quel travailleur : nous avons tous nos petites névroses, quelques angoisses, quelques peurs, des soucis, et nous savons bien, d'expérience, que la « plongée dans le travail » permet de s'en affranchir.

Leur autre particularité est la transparence : ici, il n'y a pas de sous-entendus dans les relations humaines, pas de défiance *a priori* à l'égard des chefs ou des collègues, pas de mensonges, mais une ambiance marquée par une spontanéité malheureusement perdue dans la plupart des milieux professionnels dits « normaux ». De ce fait, l'interdividualité s'établit avec beaucoup plus de fluidité. Les échanges entre modèles (à tous les niveaux) et élèves sont donc plus constructifs. Car, quand la confiance s'instaure, en dépit des petites querelles, les rivalités s'effacent.

En milieu professionnel « ordinaire », il est devenu de bon ton, pour un salarié, de se plaindre d'être au travail, de ne voir celui-ci que comme une corvée, un malheur nécessaire mais subi, et de rêver à voix haute de congés et de vacances : ils sont enfermés dans les « prisons de l'esprit », pour reprendre l'expression de Maurice Vendre, et ils reproduisent une représentation du travail qui n'est pas construite.

Mais quand ce même salarié se retrouve au chômage, il ne rêve plus que de travail, prenant alors pleinement conscience de ce que savent déjà les travailleurs handicapés : le travail ne permet pas seulement de subvenir à ses besoins, il permet surtout de se construire. Il est tout simplement un tremplin pour être.

Ce n'est pas un hasard si ceux qui ont connu l'exclusion sous une forme ou une autre (handicap, arrêt maladie de longue durée, chômage...) cultivent un goût de l'effort qui les épanouit, les stabilise : ils ont rencontré un autre schéma, une autre représentation, une nouvelle chance.

Leur motivation n'a pas de prix pour une entreprise !

Un autre fait remarquable mérite d'être souligné : la valeur thérapeutique de l'effort et du travail. D'une part, les statistiques le démontrent : malgré les taux d'absentéisme, les personnes qui ont un emploi sont moins souvent malades que celles qui sont inemployées et passent leurs journées chez elles. D'autre part, le travail guérit.

Cette vérité est valable pour tous les individus. J'ai eu l'occasion d'en voir la confirmation dans mon cabinet où j'ai si souvent reçu des patients qui se plaignaient de maux divers et variés, aussi bien physiques que psychiques, conjugaux et sociaux, et qui se retrouvaient spontanément sur la voie de la rémission dès qu'un but utile était donné à leur vie, avec des contraintes, des exigences, des plannings à respecter. J'ai par ailleurs vu beaucoup de mes camarades partir à la retraite et, dans les mois qui ont suivi, faute de projets et d'envies, déprimer et tomber malades. Quant à mon notaire, six mois après la cessation de ses activités, il a développé un cancer foudroyant qui l'a emporté.

Dans une usine apprenante, cette réalité-là apparaît de manière spectaculaire. Je citerais le cas de Joseph. Son handicap est apparu quelques mois après sa naissance. Ses gestes étaient mal coordonnés, souvent effectués de manière non intentionnelle et ses problèmes de psychomotricité se sont confirmés à l'âge de deux ans. Ses médecins ont diagnostiqué un syndrome de Kabuki mais, malgré les hormones de croissance qui lui avaient été prescrites, il n'a pas pu s'adapter à l'école, a traîné dans quelques institutions spécialisées, et ses parents se sont résolus au fait qu'il ne ferait jamais rien de sa vie, à part attendre que le temps passe.

La promesse d'embauche à l'usine apprenante AMIPI de Nantes, où le travail dans le secteur automobile impliquait une grande dextérité manuelle, a laissé son entourage pantois. De fait, les premiers jours, Joseph était incapable de coordonner ses gestes pour enrouler les bottes de fils et les lover sur elles-mêmes : il s'enroulait les mains jusqu'à se faire littéralement des nœuds avec ses bras, ses tremblements étaient permanents, son absence de confiance en lui, palpable. Un cas qu'on dirait spontanément désespéré…

Son modèle fut une assistante opératrice qui était elle-même passée par ce stade d'apprentissage et qui se montra d'une infinie patience, répétant inlassablement le geste qu'il devait accomplir et l'accompagnant dans ce geste. Jusqu'à ce qu'il le réussisse. Joseph, il le dit aujourd'hui en riant, en fut le premier éberlué.

Il s'est pris au jeu de l'apprentissage, fournissant des efforts considérables pour apprendre, et encore apprendre. À chaque nouveau poste qu'il réussissait à maîtriser, il gagnait en confiance en lui-même et redoublait d'allant pour continuer. Et, sans aucun traitement chimique complémentaire, ses gestes devenaient de plus en plus précis. Intriguée par ses progrès, étonnée par l'épanouissement de son fils qu'elle avait toujours connu taciturne, sa mère était venue visiter l'usine. Oui, c'était une vraie usine, mais son fils répondait à toutes les exigences professionnelles…

Trois ans plus tard, Joseph a été nommé à son tour assistant opérateur : il apprend les règles du métier et la précision des gestes aux nouveaux venus. Il passe son permis de conduire. Il quitte ses parents pour s'installer chez lui, dans son appartement. Il sait que le syndrome de Kabuki est toujours tapi dans son corps, mais il le maîtrise et vient de se lancer dans une activité qui était pour lui inimaginable : la musculation. Ses derniers mois à l'usine, il comptait parmi les éléments les plus brillants. Depuis notre rencontre, il a suivi un parcours d'insertion dans une entreprise « normale ». Il est désormais magasinier chez Leroy Merlin, un poste qui le met en contact direct avec les clients.

Joseph a guéri en s'appropriant des gestes. En fournissant des efforts certainement considérables pour coordonner l'activité de ses mains, de ses bras et, de ce fait même, pour créer de nouvelles synapses entre ses neurones, renforcer des zones du cerveau qui ont pu pallier ses faiblesses. Il en est pleinement conscient : « Le goût de l'effort m'est venu après mon premier succès, quand j'ai réussi à enrouler des fils sans me tromper. Je réalisais que j'étais sur la voie de la rémission.

Aujourd'hui, je peux affirmer que j'ai surmonté mon handicap par le travail. »

Sa guérison n'est pas le simple fait de ne plus avoir (trop) de symptômes, en tout cas visibles. Pour lui, elle a consisté à réintégrer l'espace social et professionnel. À sortir de l'isolement.

8

Les usines de l'être

Demain s'annonce comme une tragédie pour l'humain.

Demain, nous dit-on, le travail sera réservé à une élite : les créatifs, les artistes, les intellectuels, les décideurs, une poignée de cadres supérieurs et de techniciens de très haute volée. Pour tous les autres, contraints de céder leur place à des robots plus performants et moins onéreux, un revenu universel sera versé – si les États ont encore les moyens de le prendre en charge.

Demain, si nous n'y prenons garde, les GAFAM, les géants américains du numérique (Google, Apple, Facebook, Amazon, Microsoft) et les BATX, leurs pendants chinois (Baidu, Alibaba, Tencent et Xiaomi) remplaceront l'*Homo faber*, l'homme qui fabrique. Celui qui a émergé de la préhistoire en inventant le feu puis les outils, celui qui a perfectionné ces outils pour créer les civilisations, celui qui, en fabriquant, a signé son humanité et l'a parfaite – donc s'est fabriqué lui-même.

Qu'adviendra-t-il de *faber* si, demain, il cesse de fabriquer ? Si les champs et les usines se vident d'agriculteurs et d'ouvriers, si, dans les hôpitaux, médecins et infirmiers sont remplacés par des robots, si l'on cesse même d'avoir besoin d'apprendre un métier et d'apprendre tout court ?

Le discours politique serait-il délibérément en train de nous préparer à cette éventualité ? D'ores et déjà, il nous donne massivement, et à tous les niveaux, le goût de la facilité – et nous présente l'effort, depuis l'école, comme un pensum, une punition. En ne mettant en avant que les aides à leur apporter, il encourage de larges pans de la population à ne surtout plus fournir d'efforts : les personnes handicapées certes, mais aussi les plus démunies, les plus défavorisées, les moins formées. « Attendez l'aide et réclamez-la », leur dit-on en somme, plutôt que de les motiver à agir, à s'aider. Plutôt que de leur révéler la vérité : le travail est une récompense.

S'il ne fabrique plus, l'être humain cessera de se fabriquer. S'il cesse de tailler des pierres, sa propre pierre intérieure restera en jachère. Car, au-delà de son aspect productif qui consiste à transformer la matière, l'environnement autour de soi, le travail a un aspect initiatique, pour moi encore plus important : par initiation, c'est-à-dire par transformation progressive sous la conduite d'un maître, il façonne l'individu, le construit et lui permet d'avancer. D'exister.

Une usine (ou une entreprise, ou un métier) a pour mission de créer de bons produits et de développer le cerveau de ceux qui les fabriquent. D'ailleurs, plus les cerveaux sont développés, meilleurs sont les produits ! J'en donnerais un exemple : les taxis londoniens. Londres est une ville très étendue qui compte un petit peu plus de 25 000 rues. Pour obtenir leur licence, et ensuite pour accompagner les passagers à bon port, les chauffeurs de taxi ont, pendant des décennies, dû mémoriser les noms de ces rues et les connexions entre elles. Sur les IRM et autres imageries médicales, on voyait très nettement, chez les chauffeurs les plus expérimentés, une zone du cerveau, située au niveau de l'hippocampe, s'enrichir en « matière grise » au fil des années d'exercice de leur métier. Or, depuis la popularisation du GPS et des appareils de géolocalisation, ce travail de mémorisation n'a plus besoin d'être entrepris… et le cerveau n'a plus besoin de développer les nouvelles synapses qui lui étaient indispensables pour accomplir sa tâche. Du coup, les célèbres cerveaux des chauffeurs de taxis londoniens (célèbres en ce qu'ils avaient fait l'objet de nombreuses études !) se sont banalisés…

Travailler permet d'être quelque chose au lieu de n'être rien. Ces mêmes chauffeurs seront bientôt remplacés par les voitures-robots. Les camions, les trains, les bus ou les avions non plus n'auront plus besoin d'un humain pour les manœuvrer. Que deviendront les conducteurs et les pilotes ?

Je ne doute pas que de nouveaux métiers, aujourd'hui inconnus, émergeront et se développeront. Seront-ils des métiers pour tous ? Personne n'ose désormais l'affirmer. En fait, personne ne fait semblant de le croire.

J'ai librement et longuement circulé dans les usines de l'AMIPI. Une question m'est souvent venue aux lèvres en face des opérateurs que je voyais concentrés sur leurs tâches : « Êtes-vous heureux de travailler ici ? » Billy, Cédric, Jeanne, Diane et tous les autres m'ont répondu par un oui franc, un oui qui ne supporte aucun doute.

Patrice, en charge du magasin et de la logistique de l'usine du Mans, insiste : « Je me lève à 6 heures chaque matin, et je viens au boulot avec un grand sourire. D'une part, à la longue je m'ennuie chez moi, ici je m'occupe et je ne vois pas le temps passer. D'autre part, il y a les copains et les copines. Et puis il y a une troisième chose, essentielle : ici, je suis heureux parce qu'on me fait confiance, je gère mon poste et mes chefs savent que je le fais bien. C'est énorme quand on a connu l'exclusion. Quand on n'a pas confiance c'est la mort. »

Ce que Patrice acquiert ici, ce qu'il vit ici, c'est la confiance en lui-même et dans les autres. C'est le respect mutuel et le respect de soi. Quand il vient travailler, il se respecte. S'il reste à la maison, il perd son respect de lui-même. Et cette confiance, ce respect ne se quantifient pas en euros. Ils lui ont permis, mois après mois, de se reconstituer. De s'épanouir et de devenir quelqu'un. Sa récompense, à l'issue de ses journées de labeur, est ce que le travail lui a permis de devenir, c'est-à-dire d'être.

Le jour où les robots auront pris notre travail et qu'il n'y aura plus d'usines, il faudra… inventer des usines. Les usines de demain où des hommes, des femmes, travailleront pour le travail en soi. Elles ne produiront peut-être plus des biens matériels ou de l'avoir, mais elles fabriqueront de l'être, c'est-à-dire des hommes capables d'exister.

Faudra-t-il recommencer à construire des cathédrales ? Inaugurer des usines dédiées à l'embellissement des espaces verts ? Inventer des produits à fabriquer par l'humain ? Retirer du travail aux robots pour que survive *Homo faber* ? Sans doute y aura-t-il un petit peu de tout cela.

C'est un impératif également économique : aider financièrement les entreprises, en généralisant le levier existant de l'aide au poste afin que le travail se perpétue, coûterait à l'État beaucoup moins que le versement d'un revenu universel ou d'allocations chômage. Pour les seules usines apprenantes de l'AMIPI, le coût chiffré de non-dépenses publiques générées est de 18 millions d'euros par an.

Qu'attendons-nous pour tous travailler ?

9

Le scientifique et l'entrepreneur

Dialogue entre Jean-Michel Oughourlian et Jean-Marc Richard

Par ses travaux neuroscientifiques consacrés aux neurones miroirs et à l'impact du mimétisme dans notre vie quotidienne, le professeur Jean-Michel Oughourlian a pensé une métapsychologie mimétique, un système global qu'il a appliqué dans sa longue pratique de la psychiatrie. Aussi bien en hôpital qu'en cabinet, les résultats ont été spectaculaires : en pensant autrement l'individu, c'est-à-dire en ne l'envisageant qu'en relation avec les autres, dans ce qu'il a appelé l'interdividualité, il a apaisé les souffrances, surmonté des handicaps, sauvé ceux que l'on disait insauvables.

Imprégné de cette métapsychologie après la lecture du livre Notre troisième cerveau, *de Jean-Michel Oughourlian, qui répondait à ses intuitions, le président de la Fondation AMIPI, Jean-Marc Richard, s'est lancé dans un défi en accord avec les administrateurs : l'appliquer dans les UPAI, les usines apprenantes de la Fondation. Érigeant la notion de modèle en clé d'efficacité managériale, il a donné son ampleur à un projet de bien commun, centré sur les plus fragiles – plus de 80 % des salariés de ces usines souffrent d'un handicap cognitif. Les résultats ? Eux aussi spectaculaires, avec des centaines de personnes porteuses de handicaps cognitifs qui ont, depuis, gagné la confiance et repris pied dans la vie. Et avec des entreprises où, pour chaque conflit identifié, un traitement sera proposé.*

Ce modèle peut-il être exporté, c'est-à-dire étendu à toutes les entreprises, à toute la société ? Le savoir-faire scientifique, celui de la psychologie mimétique, est-il un obstacle ou, au contraire, un apport au système industriel et entrepreneurial dans son ensemble ? À quelles conditions peut-il être introduit ?

Dialogue entre deux hommes éclairés…

Le cerveau se « fabrique » en fabriquant

Jean-Michel Oughourlian – Je reste effaré par les effets de la retraite sur des générations de médecins, mes anciens collègues, ou du moins sur ceux qui ont décidé d'interrompre brutalement toute activité pour se consacrer aux loisirs, aux voyages. Passé les premiers mois, ils sont lassés, l'envie disparaît, le désir s'éteint, ils ne sont plus entraînés par un but. Ils restent chez eux, se coupent peu à peu de la vie sociale et, quand on est chez soi, on s'examine, *a fortiori* quand on est médecin. On finit par trouver des choses. Vous connaissez cette phrase du docteur Knock, dans *Knock ou le*

Triomphe de la médecine, la pièce de Jules Romains : « Tout homme bien portant est un malade qui s'ignore. » Ces nouveaux retraités se trouvent des maladies, tombent effectivement malades. Certains en meurent. Alors que les autres, ceux qui continuent d'avoir une activité d'ordre professionnel, peu importe qu'elle soit rémunérée ou pas (et je pense là au champ associatif), conservent une agilité du corps et surtout de l'esprit. Leur cerveau est en éveil, il travaille.

Ce constat vaut pour tous les inactifs, dont les personnes au chômage, évidemment, mais aussi les futurs bénéficiaires d'un revenu universel. Elles reçoivent des allocations qui permettent de rester chez soi à regarder la télévision, mais le coût humain est très lourd. J'ai vu défiler dans les hôpitaux des patients dans ce cas. Ils finissent par tomber malades, par développer toutes sortes d'angoisses, et, à la longue, leur cerveau « rouille ». L'isolement dans lequel ils sont plongés est une forme de handicap et entraîne des handicaps. Mettre le cerveau au travail est infiniment moins coûteux, pour l'individu et pour la société dans son ensemble.

Jean-Marc RICHARD – Nos usines ne sont certes pas des hôpitaux, mais elles sont néanmoins des lieux de « soin » ! Nous ne connaissons pas les handicaps de nos opérateurs, nous savons seulement qu'ils ont une reconnaissance de travailleur handicapé. Nous avons mis en place deux principes, valables pour tous. D'une part nous restons en éveil, curieux d'eux-mêmes, pour vérifier qu'ils ont une qualité de travail, une qualité de comportement, une qualité de savoir être et de savoir vivre, sans pour autant être toujours à leurs côtés : ils ont un travail sur lequel ils se concentrent et s'organisent. D'autre part, nous veillons à introduire différents apprentissages clés, de petits changements, de petits challenges qui laisseront leur désir d'apprendre et de réussir en éveil. Le cerveau reste mobilisé et, grâce à sa plasticité, de nouvelles synapses se développent et permettent un progrès général. Notre ambition, la leur aussi, est ensuite de nourrir un projet personnel et professionnel, de sortir de l'usine apprenante pour rejoindre, en stage puis en CDI, la communauté d'entreprises qui nous entourent et les reçoivent. Les progrès que l'on constate, tant sur le plan cognitif qu'affectif et même physique, auraient été inconcevables sans un vrai travail.

J.-M. O. – On connaît beaucoup de structures qui prennent en charge les personnes handicapées en leur collant à vie l'étiquette du handicap. Je ne les vois pas changer les personnes qui leur sont confiées, les faire évoluer, leur faire apprendre, les améliorer d'une certaine manière. Vous, au contraire, en les intégrant à une structure, à des activités, en les poussant à travailler selon leurs possibilités, caressez l'ambition de les faire avancer et de les intégrer progressivement à la vie, si possible normale, mais en tout cas à la vie. Il y a donc une différence de perspective entre vous et les autres. Et une différence très nette de résultats que j'ai constatée en passant de longs moments dans les usines, aux côtés des opérateurs !

J.-M. R. – Le choix de Maurice Vendre de construire des usines apprenantes et d'utiliser le système industriel comme moyen a répondu à cette finalité : faire progresser l'individu par des apprentissages raisonnables qui développent ses facultés et ses sens, puis l'insérer comme citoyen, c'est-à-dire, donner une véritable autonomie à la personne. Or, les études et les recherches nous ont démontré que, dans cet objectif, tous les sens, toutes les capacités doivent être mis à contribution : la plasticité du cerveau s'accroît quand il y a entraînement à la fois de la vision, de l'audition, du toucher qui est fondamental, de la mémoire, de l'attention, etc. Un opérateur à l'usine ou un apprenti cuisinier qui exécutent une tâche professionnelle dans une grande autonomie sont amenés à mobiliser plus de sens, plus de facultés, et ont donc infiniment plus de possibilités de progresser.

Empathie, aide : jusqu'où aller ?

Jean-Marc Richard – Soyons très clairs : dans les usines apprenantes de l'AMIPI, nos opérateurs ne sont pas des marionnettes mues par des marionnettistes. Autrement dit, ils ne sont pas soutenus et aidés en permanence. Ce sont certes des personnes plus fragiles que la moyenne, cependant, l'hyper-protection ne leur profiterait pas et ne profiterait pas non plus à leur cerveau. Ni à l'entreprise dans son ensemble. Si notre société française était plus regardante sur l'intérêt de la personne, comme l'est à mon avis la société allemande, nous placerions la plupart des personnes en difficulté en inclusion dans les entreprises, dès lors qu'elles ont la capacité de travailler. Les technologies sont une formidable opportunité pour permettre à des personnes de compenser leur handicap et acquérir une autonomie. Les associations actuelles ont tellement souffert des abandons de la société française vis-à-vis de leurs populations qu'elles hésitent à franchir le pas de l'insertion pour tous.

Pourtant, si on raisonne avec les concepts que vous-même, Professeur, enseignez, l'hyper-protection, l'excès d'empathie nous amènent à créer non pas des ghettos, mais des «silos» qui regroupent des populations homogènes en termes de handicap et qui empêchent alors de communiquer avec l'ensemble de la société. Le handicap, quand il est isolé ou mis en silo, fait peur. Il développe des «racismes», des exclusions. Je peux citer des quantités d'exemples vécus par mes très proches.

Il faut donc organiser une résistance collective. L'enjeu est de rendre «l'empathie maîtrisée», éviter à tout prix les silos, permettre au patient de voir sa maladie reconnue, soignée par le médecin et les médicaments, mais accompagnée par des thérapies du comportement qui font en sorte que jamais le patient ne s'installe dans sa maladie ! Ou que sa maladie soit stigmatisée et donne lieu à une non-reconnaissance de sa propre valeur ajoutée au sein des entreprises classiques. C'est le combat que Maurice Vendre a conduit, que les scientifiques sont venus poursuivre à nos côtés.

Si j'étais simplement dirigeant d'une entreprise, je pourrais facilement additionner toutes les bonnes raisons pour lesquelles « ça ne va pas marcher ». Je préfère, en tant que président d'une fondation reconnue d'utilité publique, me donner une chance pour que « ça marche ». C'est, pour moi, un devoir civique. Je ne veux plus de cette société de performances qui exclut, où les familles de personnes handicapées craignent que celles-ci n'aient pas leur place et multiplient les protections autour d'elles. Elles pensent les aider, mais elles ne les aident pas. Leur regard est distordu et elles les maintiennent dans un silo parallèle à notre monde mais ne communiquant pas avec lui. Je les comprends, puisque c'est dans mon histoire personnelle. Nous avons toujours eu l'inquiétude d'être abandonnés par la société. C'est pourquoi mon père Jean a rejoint Maurice Vendre dans son combat que tous les deux m'ont transmis. Quand on prône une société qui inclut, tout se joue sur le regard de l'autre.

Jean-Michel Oughourlian – Face au handicap, nous devons nous prémunir de deux erreurs, aussi fatales l'une que l'autre. La première est évidemment le rejet de l'autre dont nous nous débarrassons en le confiant à un institut où, souvent, il ne fera pas grand-chose, il ne sera pas aidé à se développer. La seconde est l'hyper-protection : je ne vais pas aider l'autre, je vais faire à sa place ; je vais, en quelque sorte, le dévorer. En psychologie mimétique, on appelle cela de la rivalité déguisée.

La réelle empathie, elle, est l'inverse de la rivalité. Je vais chercher à intégrer l'autre en lui trouvant quelque chose qu'il désire – parce que lui-même ne sait pas bien souvent quoi désirer. Cette empathie-là n'est pas envahissante, mais bienveillante. Le modèle se propose clairement comme modèle, et non comme rival. Au lieu d'étouffer l'autre, de l'emprisonner, il va lui donner les moyens d'être autonome et d'avancer. Il va aider, il ne va pas remplacer.

J'ai vu cette attitude à l'œuvre dans les usines apprenantes où il n'y a délibérément pas d'éducateurs et très peu d'encadrants, afin de responsabiliser les individus. Chacun dispose d'une référence, d'un modèle qu'il peut appeler en cas de besoin : l'opérateur appelle l'assistant de ligne, qui lui-même appelle son « chef », etc. Dans cette hiérarchie, chacun est prêt à aider les autres pour aller plus loin : il ne voit pas en eux des rivaux potentiels. L'interdividualité fonctionne de manière harmonieuse. C'est ce que j'appelle la réelle empathie qui n'est ni abandon, ni étouffement.

J.-M. R. – Cette situation, je l'ai rencontrée en d'autres lieux, avec des jeunes en difficulté dont les parents s'adressaient à moi pensant que j'étais le « nouveau thérapeute ». L'une de ces histoires que j'ai accompagnées est celle d'un jeune homme, que l'on disait craintif, qui réussissait à moitié dans ses études, développait des angoisses. Une fragilité psychique avait été posée comme hypothèse par le psychiatre qui le soignait. Pour ses parents, suite à nos échanges, l'hôpital n'était pas une solution : ils ne voulaient pas qu'il s'installe dans la maladie, si c'était effectivement le cas. Ils lui ont parlé en vérité et ont fait acte d'autorité en lui demandant d'arrêter son cursus universitaire, source de tant d'inquiétudes pour lui. Ils l'ont ensuite aidé à trouver son désir, c'est-à-dire un objectif qu'il puisse porter lui-même et atteindre, afin de rentrer dans une logique de réussite. Ces études-là ont été son exutoire. Elles ont aidé son cerveau à se développer, il a peu à peu cessé de produire des angoisses. Il réussit ses examens, ses stages, et sait qu'il aura un travail qui lui plaira. Le reste a suivi, il a aujourd'hui une copine, il garde une relation constante avec son médecin et suit un traitement *a minima*. Il est épanoui parce que ses parents ont arrêté de l'amener vers eux, vers leur modèle, mais sont allés vers lui. En infantilisant, on détruit. Sans l'expérience de l'AMIPI, aurais-je accompagné ainsi ces familles à changer leur regard sur leur propre enfant ? Combien d'échecs et de catastrophes seraient évités si seulement ces témoignages parvenaient au plus grand nombre avant la crise irréparable ?

J.-M. O. – Votre empathie a consisté à les guider vers une porte de sortie. C'est aussi ce que vous faites dans vos usines où la porte de sortie est royale : c'est l'insertion des personnes porteuses de handicaps dans un milieu dit classique. Votre empathie vous amène non pas à les garder pour les protéger, mais à les conduire ailleurs, comme vous l'avez fait pour ce jeune homme !

J.-M. R. – Symboliquement, à l'AMIPI, nous avons abandonné les médailles du travail qui récompensent la longévité dans une entreprise, au profit de médailles de l'insertion qui encouragent la mobilité. Chez nous, le héros n'est pas celui qui reste, mais celui qui part. Notre société craint la mobilité ; de par mon tempérament, l'immobilisme m'effraye. Au bout de quelques années dans une même entreprise, qu'allez-vous apprendre de plus ? Or, quand vous n'apprenez plus, vous régressez. Le vrai projet d'entreprise n'est pas de savoir si on est riche, parce qu'on peut mourir riche ; il est de savoir si on est vivant et si notre cerveau est en alerte. Mon mot-clé, c'est l'empathie maîtrisée : aller vers l'autre et le comprendre, mais maîtriser la relation dans l'intérêt des deux parties. À cette condition, il peut y avoir empathie dans le monde du travail si vous acceptez quelques « sacrifices », pour employer un terme cher à René Girard.

Pouvoir ou autorité ?

Jean-Michel OUGHOURLIAN – À mes yeux, au plan girardien du terme, l'autorité n'est pas une chose imposée par la personne qui la détiendrait à celles qui sont hiérarchiquement en dessous d'elle. L'autorité est une chose que les personnes qui sont en dessous attribuent spontanément à celle qu'ils considèrent comme devant être leur modèle. Dès lors que l'on prend quelqu'un comme modèle, on lui confère de l'autorité, non pas du pouvoir. Quand mon patron en médecine me corrigeait un traitement que j'envisageais de donner à un patient, je considérais qu'il avait l'autorité pour le faire parce que je savais qu'il savait mieux que moi. Tandis que si un pouvoir ne détenant pas le savoir m'imposait de changer la thérapie, cela aurait effectivement été du pouvoir, un abus de pouvoir, et non de l'autorité.

Il existe une différence fondamentale entre l'ordre et la suggestion, c'est-à-dire entre le pouvoir et l'autorité. L'ordre serait de vous dire : prenez ce parapluie et, quand vous serez au bout de la rue, vous l'ouvrirez. Pour exécuter cet ordre, il vous faudra, à tout instant de votre parcours, vous souvenir de ce que je vous ai dit. Par contre, si je vous suggère qu'ouvrir ce parapluie au bout de la rue, malgré le soleil, serait une bonne idée, et si j'ai l'autorité de vous en convaincre, vous allez vous approprier mimétiquement ce que je vous ai suggéré ; en ouvrant le parapluie, vous penserez même que c'est vous qui en avez pris l'initiative pour vous protéger du soleil.

Jean-Marc Richard – Je n'ai rien à ajouter. Effectivement, quand une personne s'approprie quelque chose, elle en oublie l'origine. C'est clairement dit dans votre ouvrage, *Notre troisième cerveau*, qui constitue le fondement de notre management à l'AMIPI. Celui qui détient l'autorité a la légitimité de l'organisation parce qu'il sait à la fois parler apprentissages et production. Dans nos usines, les directeurs ne sont pas parachutés de l'extérieur, ils sont extraits du groupe quand les autres leur confèrent l'autorité, les prennent pour modèle, les considèrent comme une référence, comme quelqu'un qui sait mieux qu'eux. À l'AMIPI, nous utilisons au quotidien cette phrase de Céline, l'une des membres de notre équipe de formation : « Si tu m'imposes je m'oppose ; si tu m'expliques, je m'implique. » En fait, il faut développer le talent de la conversation. Comme le dit si bien le philosophe anglais Roger Scruton, « quand il y a conversation, il y a civilisation ».

J.-M. O. – Dans vos usines, les chefs sont promus en sortant du rang, donc en ayant compris tous les rouages de la machine. Les plus doués arrivent ainsi au sommet. C'est le système de Napoléon qui choisissait ses maréchaux non pas dans les écoles de guerre, mais sur le terrain : les meilleurs cavaliers, les meilleurs artilleurs, les meilleurs tireurs sortaient du rang et devenaient capitaines puis généraux puis maréchaux de France. Ils étaient de vrais modèles. Malheureusement, aujourd'hui, en France, on apprend d'abord théoriquement, ensuite on est considéré polyvalent, capable de tout diriger : une usine automobile, une centrale nucléaire, une entreprise commerciale. On pense qu'ils savent tout, en fait ils ne savent rien. Et c'est ainsi que les rivalités se mettent en place. Ils ont le pouvoir, ils n'ont pas l'autorité.

J.-M. R. – Les notions de pouvoir et d'autorité peuvent devenir le poison de l'action collective. Dans une organisation comme la nôtre, l'unité et l'efficacité collective sont juste des conditions de survie. Ma découverte de votre œuvre, professeur Oughourlian, m'a permis de confirmer ces intuitions et de mettre en œuvre des processus managériaux et de gouvernance qui peuvent être étendus à l'ensemble des entreprises et qui reposent sur les concepts clés suivants :

1) Construire des leaderships affirmés sur des domaines bien identifiés, en travaillant avec chacun son intentionnalité.

2) Lutter contre toutes ces rivalités stériles en intégrant les principes du mimétisme : le modèle (l'enseignant) doit adopter une posture de transmission pour rester un modèle. Pour cela, privilégier systématiquement les trios aux duos : un arbitrage est toujours nécessaire et évite les relations dominant-dominé.

3) Mettre en œuvre l'intelligence collective qui se construit à travers l'interdividualité.

4) Initier le concept du «donner envie», donc créer la notion de désir qui est seule garante de la solidité des apprentissages.

5) Développer une empathie contrôlée qui favorise les actions collectives et permet aussi de faire évoluer les collaborateurs vers des zones de liberté, d'indépendance et de responsabilité.

La Fondation s'organise autour d'une académie qui vise à faire la pédagogie, à un niveau local et international, de vos concepts, professeur Oughourlian, et des apprentissages développés et transmis par nos fondateurs. La Fondation est pour certains scientifiques une organisation unique dans ce domaine.

Demain, un travail pour tous

Jean-Michel OUGHOURLIAN – Il me semble important de rétablir la différence fondamentale entre le travail et l'emploi. Pour caricaturer, je dirais que le travail est la maîtresse pour laquelle on multiplie les efforts et qu'on a envie de voir, tandis que l'emploi est le contrat de mariage à vie qui s'enlise dans les routines. L'emploi, c'est ce qui nourrit une personne ; le travail, c'est ce qui va la développer. L'emploi est un contrat ; le travail implique des efforts pour garder vivant ce qui a fait, au départ, l'âme du contrat. Il n'est pas contractuel mais entraîne un désir permanent de s'investir et de faire. C'est une machine qui fonctionne de manière autoalimentée : un individu enthousiasmé par son travail ne compte pas les heures – on n'aurait pas pu dire à Picasso d'arrêter de peindre parce qu'il avait dépassé les 35 heures hebdomadaires. C'est la raison pour laquelle je soutiens les possibilités d'évolution à l'effort, au mérite plutôt qu'à l'ancienneté. J'ai moi-même connu cela autrefois quand je pensais avancer dans ma carrière au mérite et qu'on me bloquait au nom de l'ancienneté…

Jean-Marc **Richard** – Le travail est la condition du vivre ensemble. Et je crois que la fin du travail n'est pas inéluctable. Je mise pour cela sur la RSE, la Responsabilité sociétale des entreprises, qui doit être engagée pour créer ou rapatrier du travail en France au lieu de robotiser, construire des usines, renouer avec ce que j'appelle la dualité du travail : réussir, en même temps, à réaliser de bons produits et à développer le cerveau des gens. L'État devrait alors, en échange de cet effort consenti par les entreprises, envisager d'importantes remises de charges. Il n'a rien à y perdre, mais tout à gagner : on sait très bien que si on réussit à renvoyer des personnes dans le système productif, non seulement elles ne coûtent rien (ce sont autant d'allocations en moins), mais elles rapportent beaucoup (puisqu'elles recommencent à consommer, à payer leurs taxes, etc.).

J.-M. O. – Nous nous acheminons vers une société transhumaniste où, en définitive, nous n'aurons plus besoin de tous ces gens qui travaillent dans ce « monde d'en bas » : les opérateurs, les chauffeurs, les cuisiniers, les assistantes et plus généralement tous les employés. Il suffira d'avoir quelques créatifs, des surdoués qui envoient des fusées sur Mars, or tout le monde ne peut pas le faire. Un gouvernement responsable doit trouver le moyen de maintenir le travail, faute de quoi nous ne produirons plus que des handicapés au sens où je l'entends, c'est-à-dire des personnes isolées, coupées de la vie.

J.-M. R. – Oui, et à ce titre, le système industriel représente un réel « gisement de travail » au sens où vous l'indiquez et donc un vrai vecteur d'insertion pour les populations les plus fragiles.

Je voudrais revenir sur l'exemple de l'Allemagne : 25 % des salariés allemands travaillent dans l'industrie, un secteur là-bas en expansion, alors que, en France, en dix ans, 30 % d'emplois y ont été détruits. Pourtant, nous avons fait face aux mêmes chocs. Je parlerai du domaine de l'automobile que je connais bien. Les Japonais y ont débarqué en force dans les années 1980 en même temps que la mondialisation s'opérait. Chez Volkswagen, les Allemands ont alors constaté que leur concurrent direct, Toyota, produisait autant de véhicules qu'eux, mais avec deux fois moins de personnel.

Ils ont alors organisé, comme ils en ont l'habitude, une large concertation en mettant autour de la table les syndicats qui représentent 70 % des salariés, les dirigeants qui sont tous formés par les apprentissages et connaissent l'entreprise et ses réalités humaines, l'État fédéral de Basse-Saxe qui est actionnaire, et la famille Piëch (Porsche Automobile Holding) qui détenait alors le contrôle. Au sortir d'une réunion, on a demandé à M. Piëch combien de licenciements étaient envisagés. Il a répondu par cette phrase incroyable : « On devrait pouvoir s'en sortir sans licencier. »

La masse globale du coût du travail a été réduite : tout le monde a consenti un effort afin que la compétitivité se maintienne sans que l'homme soit la variable d'ajustement. Le maintien du pouvoir d'achat a été l'élément clé – ainsi, l'Allemagne n'a pas été le théâtre de spéculation immobilière comme la France : le logement n'y est pas considéré comme un élément de richesse mais comme un bien d'utilité qui doit être adapté aux besoins des populations. Les conditions de vie des travailleurs ont été pensées, mais la survie de l'entreprise aussi.

En France cette logique ne s'est pas imposée pour des raisons sans doute de manque d'intentionnalité, d'interdividualité, pour reprendre, Professeur, vos deux concepts majeurs. Et j'en ajouterai un troisième, un manque d'anticipation, sans doute lié à des formations à diriger trop spécialisées et pas assez issues de la dialectique idée/réel.

Cette bataille de la compétitivité globale du système industriel, qui doit toujours comparer le coût global du travail avec celui du non-travail, est la seule bataille qui vaille.

Je vous livre les chiffres clés : une usine AMIPI reçoit de l'État une aide au poste de 12000 euros par an et par personne. Elle verse la même somme en TVA et en charges, ce qui fait qu'elle ne coûte rien.

En parallèle, un chômeur ou un inactif coûte à l'État en moyenne 20000 euros par an compte tenu de la maladie observée sur une large partie des personnes inactives. Le calcul est vite fait : 20000 euros d'écart à la charge de l'État. Deux possibilités alors, au vu de ces chiffres : soit l'arrêt de l'AMIPI qui représenterait une dépense publique de 16 millions d'euros tous les ans, 160 millions d'euros sur dix ans. Soit, car le coût global du non-travail est pharaonique, si les fermetures d'usines dans les territoires conduisent à mettre 500000 personnes sur le carreau, le coût global annuel se monterait à 10 milliards d'euros par an; 100 milliards d'euros sur dix ans! Voilà la raison principale qui a poussé les Allemands à réfléchir autrement...

En France, qu'avons-nous fait ? Il ne m'appartient pas ici d'y répondre. Mais à force de ne pas saisir la formidable opportunité que le travail, en particulier manufacturier et artisanal, représente pour développer une société, on se réveille avec un chômage de masse où très peu de solutions sont proposées et où la dépense publique s'accroît chaque année. Les jeunes générations sont souvent inconscientes de ces faits et le « travailler à l'usine » est considéré toujours et encore par le système scolaire comme un pis-aller. Ce livre a aussi pour vocation d'éclairer tous nos éducateurs et leur donner envie d'explorer d'autres pistes. Ce livre ne peut pas être un livre qui désigne des boucs émissaires pour une raison très simple c'est que, là aussi, vos intuitions, Professeur, découlent de vos travaux avec René Girard qui, on le sait, a mis en valeur cette idée fondamentale[1].

L'autre hypothèse, celle que la Fondation veut promouvoir auprès des ministères concernés, Premier ministre, secrétaire d'État aux personnes handicapées, ministères du Travail et de l'Éducation nationale, mais surtout auprès des forces vives du pays, syndicats en premier lieu, c'est d'encourager le système industriel à développer des usines apprenantes en France. À l'AMIPI, elles produisent dans de meilleures conditions de

1. René Girard, *Le Bouc émissaire*, Grasset, 1982.

productivité et de qualité des produits, mais en plus elles ont pour mérite de ne jamais laisser les personnes se substituer à des machines en faisant un travail répétitif sur de très longues périodes. Pour nous, les apprentissages, quand ils sont conçus avec les méthodes développées par Maurice Vendre, Maryse Vendre et leurs équipes, sont sources de développement des connexions synaptiques, telles que le professeur Kandel, prix Nobel de médecine en 2000, l'a démontré. C'est incroyable d'imaginer que, dans les années 1960, Maurice Vendre, par ses propres intuitions, avec le soutien constant du professeur Robert Debré, a pu démontrer cela.

L'enjeu pour notre société est bien la préservation de la paix sociale, donc la qualité de vie d'un pays par ce travail dual qui concilie développement des produits et développement du cerveau et de l'homme.

« Vous devrez y arriver, ils n'ont plus le choix », m'a dit Maurice Vendre sur son lit d'hôpital, à Cholet, peu avant son décès, en 2014. C'était un message d'espoir. Je suis convaincu que tout est encore possible.

Postface

Résister

par Jean-Marc Richard
Président de la Fondation AMIPI, administrateur
et membre du collège des fondateurs

À tous nos salariés, aux «gens de PSA» qui «ont tenu», à ceux de Renault Nissan qui «sont montés à bord», à tous nos partenaires, aux centaines d'autres amis de l'AMIPI, dont Pierre-André Imbert, Philippe Portier, Jean-Claude Mailly, Jean-Pierre Fine, Sophie Quentin, qui se sont engagés aux côtés des administrateurs et de leurs conseillers, Hélène Bourbouloux et Yves Joubeaud. «Plus personne ne pourra dire : si on avait su.»

Tout a été dit par Maryse Vendre, le professeur Oughourlian et nos échanges. Alors pourquoi encore s'attarder sur le sujet qui nous importe : un système industriel beaucoup plus regardant sur les personnes, les territoires, le vivre ensemble.

Non, il me faut encore écrire, car ce qui s'est passé durant ces vingt dernières années dépasse l'entendement. Il me faut décrire ce que nous avons vécu. En comprendre les raisons. Et surtout engager des forces nouvelles sur des projets

« engagés et responsables au service des territoires et de leurs populations ».

En 2002, je participe, à la demande de Maurice Vendre, à une réunion d'une direction d'achat d'un grand groupe exemplaire qui l'avait aidé à bâtir ses usines apprenantes. Le résultat tombe : nos interlocuteurs nous annoncent que la délocalisation, seule issue pour sauver l'entreprise, est mise en place. Les différentiels de prix ne leur donnent pas le choix. Ils laissent quelques activités à l'AMIPI, mais ils nous invitent à nous « diversifier ». Je suis rempli de crainte pour l'avenir de nos 1 000 opérateurs qui ont besoin, pour se soigner, de volumes importants de tâches manuelles répétitives mais à complexité croissante. Les laisser sur le carreau ? Mais je ne suis pas le seul. Durant cette réunion, tour à tour, chaque intervenant, sans doute par mimétisme, avait la larme à l'œil. En final, c'est ce jour-là, en 2002, pour moi et certains de mes interlocuteurs, acheteurs au sein de ce grand groupe, que tout a commencé.

Je savais, compte tenu de l'âge de Maurice et de mon père, que ce serait le combat de ma génération.

Trois hommes ont conduit mes recherches : Maurice Vendre, son fils Bernard, trisomique, qui était mon ami d'enfance et, depuis 2012, sans le connaître en dehors de ses ouvrages, le professeur Jean-Michel Oughourlian que j'appelle affectueusement mais avec certitude le « sauveur de l'humanité». La mission est simple : construire un nouveau modèle pour l'AMIPI qui lui permettra de réaliser ses missions statutaires, à savoir : développer, dans les usines apprenantes, les capacités intellectuelles des personnes qui nous sont confiées, puis les insérer socialement, par l'exercice d'une activité professionnelle, en milieu dit «normal». Et, au-delà de l'AMIPI, c'est aussi l'opportunité, si nous réussissions, de proposer des modèles de développement inclusifs et beaucoup moins onéreux, afin de résoudre les énormes fractures sociales qui se constituent. Nous n'avons pas d'autre choix que de recoller au système industriel et de faire prendre conscience au dit système qu'une société ne peut se développer que s'il y a «un travail pour tous», et notamment pour les plus fragiles d'entre nous.

«Je veux que tu sois président»... En 2005, Maurice Vendre me désigne, sans me laisser le choix, comme le «porteur de l'anneau», celui qui va, avec la communauté, s'approprier le devenir de notre organisation. Par un dialogue constant avec lui depuis l'âge de vingt ans, j'ai appris tant de choses et j'ai eu la latitude de les mettre en œuvre. Il était l'homme de la dialectique si chère aux Allemands : «Une idée n'est bonne que si elle marche.»

Notre groupe de quatre (Maurice, Maryse, Jean et moi-même) s'est étoffé avec des hommes et des femmes d'exception (en premier lieu tous nos administrateurs) que je ne saurais tous citer ici. Je nommerai également nos amis : Hervé Guyot, directeur des achats de PSA, puis DG du Fonds de modernisation des équipementiers automobile et enfin patron de la stratégie de Faurecia, qui a sauvé l'AMIPI car il a su la comprendre, l'accompagner, la défendre… et lui envoyer du renfort. Véronique Sarlat-Depotte, directrice générale des Achats Monde de Renault-Nissan-Mitsubishi, et ses équipes. Au niveau syndical, trois hommes vont être clés : Michel Bouyer, un syndicaliste de la CFDT qui a cassé les codes, la méfiance, quand il a compris l'œuvre de Maurice et le projet que je menais à mon tour en ouvrant l'AMIPI à tous, étape par étape. Il a été rejoint par Lionel Bellotti de FO et Jean-Pierre Fine à l'UIMM. Un autre homme que je souhaite citer : François-Daniel Migeon, « le super coach » de l'AMIPI qui nous accompagne dans un « leadership authentique ».

Si d'autres suivaient l'enterrement d'une société, nous nous étions donné les moyens de résister. Ce livre leur est dédié, ainsi qu'à toutes celles et ceux qui ont compris que le seul avenir d'une société est dans le vrai dialogue social et la vraie responsabilité sociétale des entreprises (RSE).

J'étais très jeune quand mon chemin a croisé celui du handicap. Il y avait mon oncle Jacques, si souriant mais totalement paralysé par une sclérose en plaques. Mon cousin Frédéric, enfant que les autres enfants méchamment et par peur appelaient « le fou », et son frère, Jean-Pierre, qui était montré du doigt dans les cours de récréation comme le « frère du fou ». Ces handicaps très lourds mettaient en dépendance, isolaient les familles, les appauvrissaient.

Et puis il y eut Bernard Vendre, mon ami qui continue de m'inspirer et avec qui j'avais l'habitude de prendre un verre au bistrot, au pied de la cathédrale de Cholet. Ouvrier chez Nicoll, il était financièrement plus aisé que moi et largement autonome, mais il avait pris l'habitude de me laisser systématiquement payer l'addition.

C'est ainsi que l'idée fondatrice m'est venue à l'esprit : Bernard, que l'on disait handicapé, était en fait « normal » puisque économe, voire « radin »… C'est par des faits tout à fait anodins que j'ai compris à quel point nous étions semblables et que, si différences il y avait, elles étaient parfaitement naturelles et surmontables à condition de prendre de la distance avec ma propre personne et non la sienne. Ma perception du handicap était alors bien l'origine du handicap, et Bernard en jouait puisque gagnant à tous les coups.

Tout le cheminement expérimental que j'ai accompli depuis m'a convaincu de la justesse de cette intuition et que l'essentiel est de permettre au plus grand nombre de rejoindre le monde de l'autonomie et de l'inclusion en entreprise classique. La dépense publique doit revenir alors aux plus dépendants (autismes, paralysies).

Et puis il y a mon neveu Timothée qui cumule trisomie, surdité et traits appartenant au spectre autistique, mais qui, cependant, est capable de rentrer instantanément en relation avec un autre joueur de batterie. Son frère Jonathan m'a questionné sur son devenir avec des phrases d'une très grande justesse : quel travail, quelle activité pour Timothée, pour qu'il ne régresse pas ?

Ma réponse est toujours la même.

Notre rôle est d'offrir à toutes ces personnes les conditions d'une vraie autonomie plutôt que de nous culpabiliser, à leur place, de leur maladie. Et de les y installer jusqu'à la fin de leur existence, sans voie de sortie. Notre rôle est aussi de faire en sorte que toutes les personnes en âge de travailler aient la possibilité de le faire, sinon notre société tombera gravement malade. Elle sera tout entière terriblement handicapée des handicaps qu'elle aura créés.

Maurice Vendre, lui, a travaillé sur des populations identifiées comme ayant des déficits cognitifs, mettant en lumière, au travers d'expérimentations documentées et répertoriées, l'incroyable capacité du cerveau à se remodeler grâce à l'action que l'on peut avoir sur la périphérie des capteurs du cerveau par la mise en relation avec autrui, par les apprentissages et grâce à l'environnement mis en place. En leur offrant la possibilité de travailler dans les usines apprenantes, il a permis en particulier à de jeunes autistes de recouvrer l'usage du langage et du dialogue avec leurs proches et d'acquérir de la rapidité. En permettant à chacun, qu'il soit ou non porteur d'un handicap, de travailler, nous maintiendrons les cerveaux en vie.

Cette vision est à l'œuvre à l'AMIPI et elle est chaque jour éclairée et renforcée par les travaux du professeur Oughourlian. Avec lui, nous avons réussi à inverser le sens de l'histoire. À nous préparer à la confrontation avec la robotisation excessive et l'intelligence artificielle.

C'est avec le professeur Patrice Debré, petit-fils du professeur Robert Debré, que nous avons constitué les bases du conseil scientifique de la Fondation.

Des chercheurs comme le professeur Banta Lavenex, chercheur à l'université de Lausanne spécialisée sur la mémoire, Pascale Toscani, chercheur au GRENE, Groupe de recherche en neurosciences et éducation, le docteur Marie-Claude Potier, chercheur à l'ICM, Institut du cerveau et de la moelle épinière, collaborent avec la Fondation AMIPI dans l'esprit de ce que nous avons toujours souhaité : réunir des scientifiques, des industriels, des représentants de la puissance publique, les forces vives syndicales et entrepreunariales, dans une dynamique qui vise à faire reculer voire effacer le handicap.

En quinze années de lutte, nous avons démontré collectivement que rien n'est impossible et que le défaitisme n'a pas lieu d'être, et je suis sûr aujourd'hui que nos usines apprenantes, nos UPAI par l'AMIPI, ont un réel avenir par leur gouvernance partagée, par leur vrai dialogue social, parce qu'elles permettent une seule et même chose, le vivre ensemble, au travers de la RSE des grands groupes donneurs d'ordre.

On pourra alors, dans la sérénité, répondre à une question que posait Clément, notre jeune administrateur : « Alors, on fait quoi ? »

Ma réponse : on fait des UPAI inclusives, intégrées dans les entreprises et les territoires qui en ont besoin. Le secteur adapté actuel y trouvera son compte grâce à la RSE des grandes entreprises. De notre côté, l'AMIPI n'a plus rien à prouver avec 600 000 heures d'activité, 300 embauches de jeunes avec reconnaissance travailleurs handicapés, 90 insertions dont 15 en 2017 et 15 en 2018 qui viennent financer la baisse du coût du travail pour nos clients si l'État organise les « ponts » entre les dépenses sociales évitées et le soutien à l'industrie.

Notre équipe d'administrateurs bénévoles n'a donc plus rien à prouver. À la puissance publique d'en tirer courageusement les décisions comme cela fut fait en février 2018 par la lettre de mission que la Fondation a reçue et qui fait partie de notre quotidien.

Si les grands groupes veulent s'approprier une VRAIE RSE, nos UPAI usines apprenantes les attendent. Le conseil d'administration et l'ensemble de la Fondation les accompagneront et leur transmettront, *via* l'académie, les savoirs de base.

Épilogue en chiffres

La réussite collective est là… MAIS …

Fin 2017, les chiffres sont tombés.

Nos clients industriels, PSA, Renault, Plastic Omnium, Faurecia, Flex-N-Gate nous ont confié l'activité qui nous permet de faire travailler 830 personnes dont 700 opérateurs avec reconnaissance travailleurs handicapés.

La qualité est au rendez-vous avec seulement 9 incidents sur 1 million de produits sortis de nos UPAI.

En termes de compétitivité, nous égalons le taux horaire de la Pologne, et quand le client valorise nos conseils en produits et la RSE apportée par l'AMIPI, nous sommes très bien positionnés !

Autrement dit, nous avons recollé au système industriel qui nous a apporté l'activité.

D'autres chiffres s'ajoutent aux précédents, encore plus explicites quant à la valeur sociale :

90 journées de recrutement nous ont permis **de recruter 300 personnes** en 3 ans et **90 insertions réussies depuis 2009** représentent **une non-dépense publique de près de 25 millions d'euros** qui peut être affectée à ceux qui en ont le plus besoin car privés complètement d'autonomie.

Sur les années à venir, nos usines apprenantes, UPAI, peuvent recruter de 50 à 100 collaborateurs par an et insérer de 10 à 30 collaborateurs en entreprise classique.

La réussite collective est là.

Mais il reste un mais : on nous achète nos produits quand il y a bénéfice AGEFIPH[1] (une entreprise est assujettie à une obligation d'emploi de 6 % de personnes handicapées, et paie une contribution à l'AGEFIPH, tant qu'elle n'a pas atteint ce seuil. Ses achats industriels à l'AMIPI lui permettent de diminuer sa contribution). On ne nous les achète pas autrement.

Autrement dit, lorsque nos clients emploient plus de 6 % de personnes handicapées, ils n'ont plus la possibilité de déduire de leurs achats à l'AMIPI leur contribution AGEFIPH, condition de la compétitivité de nos produits.

1. Association de gestion du fonds pour l'insertion professionnelle des handicapés.

Notre devenir et celui de nos 700 opérateurs est donc suspendu à un effet de seuil qui ne dépend pas de nous. Nous demandons aujourd'hui que soit mis en place un système de compensation qui restituerait à ces mêmes entreprises une partie des économies de dépenses publiques générées par nos insertions réussies, les récompensant ainsi de maintenir des activités en France, si nécessaires aux populations.

Le 30 janvier 2018, le président de la République Emmanuel Macron nous a reçus aux vœux aux assemblées, corps constitués et forces vives. La Fondation est reconnue comme « héros social ». C'est sans doute à lui et son gouvernement qu'il appartiendra de trancher sur l'adaptation du système de financement des politiques d'intégration professionnelle des personnes handicapées.

« Voix des Sans-Voix », comme cet ouvrage du professeur Oughourlian le montre, l'avenir appartiendra à celles et ceux qui, avec courage, sauront défendre le coût et le sens global du travail contre les approximations du non-travail qui, lui, nous en sommes maintenant certains, apportera son lot de misères et de violence mimétique.

On peut être tous perdants comme tous gagnants.

C'est le choix du modèle qui est en jeu, pour reprendre la synthèse de la pensée du professeur Oughourlian. Maintenant vous aurez sans doute compris pourquoi je le surnomme « le sauveur de l'humanité ». Cela a commencé avec l'AMIPI. Qu'il en soit remercié.

Bibliographie

ALEXANDRE Laurent, *La Guerre des intelligences*, JC Lattès, 2017.

—, *La Mort de la mort*, JC Lattès, 2011.

ANSPACH Mark Rogin, *À Charge de revanche, les formes élémentaires de la réciprocité*, Seuil, coll. « La couleur des idées », 2002.

—, *Œdipe mimétique*, L'Herne, 2010.

ARISTOTE, *Poétique*, IV, 2, trad. de Marcel Jousse, t. III.

BANDERA Cesareo, *Mimesis conflictiva*, Madrid, Gredos, 1975.

BATESON Gregory, *Steps to an Ecology of Mind*, New York, Ballantine Books, 1972.

—, *Vers une écologie de l'esprit*, Seuil, t. I, 1977 ; t. II, 1980.

BLACKMORE Susan, *La Théorie des mêmes, pourquoi nous nous imitons les uns les autres*, Max Milo, 2006.

CANETTI Elias, *Masse et Puissance*, Gallimard, 1966 ; coll. « Tel », 1986.

CHERTOK Léon, *Le Non-Savoir des psy*, Payot, 1979.
CYRULNIK Boris, *Sous le signe du lien*, Hachette, 1989 ; coll. « Pluriel », 1992.
—, avec Patrice VAN EERSEL, Thierry JANSSEN, Christophe ANDRÉ, Jean-Michel OUGHOURLIAN, Pierre BUSTANY, *Votre cerveau n'a pas fini de vous étonner*, Albin Michel, 2012.
DAMÁSIO António, *L'Erreur de Descartes : la raison des émotions*, Odile Jacob, 1995.
—, *Le Sentiment même de soi : corps, émotions, conscience*, Odile Jacob, 1999.
—, *Spinoza avait raison : joie et tristesse, le cerveau des émotions*, Odile Jacob, 2003.
—, *L'Autre moi-même. Les nouvelles cartes du cerveau, de la conscience et des émotions*, Odile Jacob, 2010.
DERRIDA Jacques, *La Dissémination*, Seuil, 1972.
DOSTOÏEVSKI, *Crime et Châtiment*, trad. André Markowicz, Actes Sud, coll. « Thesaurus », 1996.
ELIADE Mircea, *Rites and Symbols of Initiation*, New York, Harper, 1965.
—, *Traité d'histoire des religions*, Payot, 1970.
ERICKSON Milton, avec Ernest L. ROSSI, *L'Intégrale des articles de Milton H. Erickson. T. II : Altération par l'hypnose des processus sensoriels, perceptifs et psychophysiologiques*, New York, Irvington, 1980.
FERRY Luc, *La Révolution transhumaniste*, Plon, 2016.

FREUD Sigmund, *Au-delà du principe de plaisir,* Payot, 2010.

—, *Psychologie de la vie amoureuse*, trad. Olivier Mannoni, préface de Robert Neuburger, Payot & Rivages, 2010.

—, *Psychologie des foules et analyse du moi,* Payot, 2012.

GALLESE Vittorio, «*Motion, emotion and empathy in esthetic experience*» (avec David Freedberg), *Cognitive sciences*, vol. 11, n° 5, 2007.

GANS Eric, *The Scenic Imagination. Originary Thinking From Hobbes to the Present Day*, Stanford, Stanford University Press, 2008.

—, «The Two Sides of Mimesis : Girard´s Mimetic Theory, Embodied Simulation and Social Identification», *The Journal of Consciousness Studies*, 2009.

—, «*Intentional attunement : a neurophysiological perspective on social cognition and its disruption in autism*», *Brain Research*, n° 1079, 2006, p. 15-24.

—, «*Embodied simulation : from neurons to phenomenal experience*», *Phenomenology and the Cognitive Sciences*, n° 4, 2005, p. 23-48.

—, «*The manifold nature of interpersonal relations : the quest for a common mechnaism*», *Philosophical Transactions of the Royal Society of London*, n° B 358, 2003, p. 517-528.

—, «*The shared manifold hypothesis : from neurons to empathy*», *Journal of Consciousness Studies*, n° 8 (5-7), 2001, p. 33-50.

GARRELS Scott, «*Imitation, Mirror Neurons, and Mimetic Desire*», *Contagion*, vol. 12-13, 2006, p. 47-86.

—, *Mimesis and Science : Empirical Research on Imitation and the Mimetic Theory of Culture and Religion*, East Lansing, Michigan State University Press, 2011.

GIRARD René, *Anorexie et Désir mimétique*, Paris, L'Herne, 2008.

—, *Les Origines de la culture*, Hachette Littératures, coll. «Pluriel», 2006.

—, *La Violence et le Sacré*, Grasset, 1972 ; Livre de Poche, 1998.

—, *Les Feux de l'envie, William Shakespeare*, Grasset, 1990.

—, *Mensonge romantique et vérité romanesque*, Grasset, 1961 ; Hachette, coll. «Pluriel», 1999.

—, *Achever Clausewitz, entretiens avec Benoît Chantre*, Champs-Flammarion, 2010.

—, *La Conversion de l'art*, textes rassemblés par Benoît Chantre et Trevor Cribben Merrill, Champs-Flammarion, 2010.

GOLEMAN Daniel, *L'Intelligence émotionnelle*, trad. Thierry Piélat, J'ai lu, 2003.

—, *Cultiver l'intelligence relationnelle*, Paris, Robert Laffont, 2009.

GUILLAUME Paul, *L'Imitation chez l'enfant*, Félix Alcan, 1926 ; PUF, 1969.

HART L. Sybil et LEGERSTEE, Maria (Eds.), *Handbook of Jealousy : Theory, Research, and*

Multidisciplinary Approaches, Hoboken : Wiley-Blackwell, 2010.

HARARI Yuval Noah, *Homo Deus, une brève histoire de l'avenir*, Albin Michel, 2017.

KEUKELAERE Simon de, « Des découvertes révolutionnaires en sciences cognitives, les paradoxes et dangers de l'imitation », *Automates intelligents*, n° 63, 2005.

—, « La violence humaine : imitation ou mèmes ? Critique d'un point de vue girardien », *Automates intelligents*, 2002.

LE BON Gustave, *Psychologie des foules* (1895), PUF, 1963 ; nouvelle édition, 2003.

LE DOUX Joseph, *Le Cerveau des émotions*, Odile Jacob, 2005.

MALONEY Clarence ed., *The Evil Eye*, New York, Columbia University Press, 1976.

MELTZOFF Andrew, *« What imitation tells us about social cognition : a rapprochement between developmental psychology and cognitive neuroscience »* (avec Jean Decety), *Philosophical Transactions of the Royal Society of London, Biologic Sciences*, n° 358, 2003.

—, avec MOORE, M.K., « Imitation of Facial and Manual Gestures by Human Neonates », *Science*, 198, 75-78, 1977.

—, avec Alison Gopnik, *Words, thoughts, and theories*, MIT Press, 1997.

—, « *Elements of a developmental theory of imitation* », *The Imitative Mind : Development,*

Evolution and Brain Bases, Cambridge University Press, 2002, p. 19-41.

—, « Out of the Mouths of Babes : Imitation, Gaze, and Intentions in Infant Research – the "Like Me" Framework », in S. Garrels, *Mimesis and Science : Empirical Research on Imitation and the Mimetic Theory of Culture and Religion*, East Lansing, Michigan State University Press, 2011.

MERRILL Trevor Cribben, *The Book of Imitation and Desire : Reading Milan Kundera with René Girard*, Bloomsbury, 2013.

—, « The Labyrinth of Values : Triangular Desire in Milan Kundera's Dr. Havel after Twenty Years », *Heliopolis, Culture Civiltà Politica,* Anno VIII, Numero 1, Naples, Scripta Web, 2010.

—, « The Neurology of Self-Awareness », *Edge* magazine, Jan. 8, 2007, http://www.edge.org/3rd_culture/ramachandran07/ramachandran07_index.html/

RICŒUR Paul, *Philosophie de la volonté – II – Finitude et culpabilité*, Aubier, 1960-1988.

RIZZOLATI Giacomo et CORRADO Sinigaglia, *Les Neurones miroirs*, traduction Marilène Raiola, Odile Jacob, 2008

—, avec Leonardo FOGASSI, Vittorio GALLESE, « Les neurones miroirs », *Pour la science,* n° 351, janvier 2007.

—, avec Laila CRAIGHERO, « *The mirror neuron system* », *Annu. Review neurosciences,* n° 27, 2004, p. 169-192.

—, «*I know what you are doing : a neurophysiological study*», *Neuron*, n° 32, 2001, p. 91-101.

—, avec L. Fogassi, V. Gallese, «*Neurophysiological mechanisms underlying the understanding and imitation of action*», *Nat. Neurosciences review*, n° 2, 2001, p. 661-670.

—, avec Michael Arbib, «*Language within our grasp*», *Trends in Neurosciences*, n° 21, 1998, p. 188-194.

Roustang François, *Un destin si funeste*, Éditions de Minuit, 1977.

—, avec Pierre Babin, *Le Thérapeute et son patient*, L'Aube, 2000

Scheler Max, *Nature et formes de la sympathie*, Payot et Rivages, 2003.

Tarde Gabriel, *Les Lois de l'imitation*, Alcan, 1895.

Trevarthen Colwyn, Kokkinaki Theano et Fiamenghi jr. Geraldo, «What infants' imitations communicate : with mothers, with fathers, with peers», *Imitation in Infancy* (ed. J. Nadel and G. Butterworth), Cambridge University Press, 1999; Wolschlager and Bekkering, 2002.

Vega Lope de, *Le Chien du jardinier*, trad. Frédéric Serralta, Gallimard, coll. «Folio Théâtre», 2011.

Watzlawick Paul, Beavin Janet, Jackson Don, *Pragmatics of Human Communication*, New York, Norton, 1967. Traduction française, *Une logique de la communication*, Seuil, 1972.

Dewhurst K., *Thomas Willis as a Physician*, Los Angeles, University of California Press, 1964.

Remerciements

Je tiens à remercier vivement mon amie Djénane Kareh Tager qui a été la cheville ouvrière de ce livre.

Tout au long de mes recherches, dans ce livre comme dans les précédents, j'ai été inspiré et éclairé par la pensée de mon maître René Girard.

Je remercie très chaleureusement, pour leur accueil ainsi que pour leur intérêt pour mes travaux, toute l'équipe de l'AMIPI : Mme Maryse Vendre, le président Jean-Marc Richard, Mme Béatrice de Gourcuff, Mme Marie-Laure Blandin, M. Quentin Lambert, M. Frédéric Hameau et Mme Doriane Pastor.

Table

Avant-propos 7
Préface : L'AMIPI, une mission, par Mme Maryse Vendre 9

1. Le mimétisme, clé universelle 21
2. De l'hôpital psychiatrique à une usine apprenante 33
3. Qu'est-ce que l'intelligence ? 47
4. De la main aux synapses 55
5. Le modèle, moteur de vie 65
6. Le poison de la rivalité 75
7. Le goût de l'effort 83
8. Les usines de l'être 93
9. Le scientifique et l'entrepreneur. Dialogue entre Jean-Michel Oughourlian et Jean-Marc Richard 99

Postface : Résister, par Jean-Marc Richard 119
Épilogue en chiffres 127
Bibliographie 131
Remerciements 139